Gerhard Botz · Hubert Christian Ehalt
Eric J. Hobsbawm · Jürgen Kocka
Ernst Wangermann
Geschichte:
Möglichkeit für Erkenntnis und
Gestaltung der Welt

Wiener Vorlesungen im Rathaus

Band 138

Herausgegeben für die Kulturabteilung der Stadt Wien
von Hubert Christian Ehalt

Vorträge im Wiener Rathaus
anlässlich der Verleihung der Ehrenbürgerschaft
der Stadt Wien an Eric J. Hobsbawm
am 22. Januar 2008

Gerhard Botz · Hubert Christian Ehalt
Eric J. Hobsbawm · Jürgen Kocka
Ernst Wangermann

Geschichte:
Möglichkeit für Erkenntnis
und Gestaltung der Welt

Zu Leben und Werk von
Eric J. Hobsbawm

Picus Verlag Wien

Grafische Gestaltung: Dorothea Löcker, Wien
Druck und Verarbeitung:
Druckerei Theiss GmbH, St. Stefan im Lavanttal
ISBN 978-3-85452-538-7

Informationen zu den Wiener Vorlesungen unter
www.vorlesungen.wien.at

Informationen über das aktuelle Programm
des Picus Verlags und Veranstaltungen unter
www.picus.at

Inhalt

Hubert Christian Ehalt
Vorwort
Gestaltungsräume für Gerechtigkeit und Solidarität
13

Hubert Christian Ehalt
Interessante, gefährliche, mörderische Zeiten
Über den Meister der Gesellschaftsgeschichte und
Analytiker des 20. Jahrhunderts,
Eric J. Hobsbawm
21

Jürgen Kocka
Eric Hobsbawm als Sozial- und Welthistoriker
29

Ernst Wangermann
Leben und Werk Eric Hobsbawms:
der politisch engagierte Historiker
39

Gerhard Botz
Autobiografische Erfahrung und
Geschichtswissenschaft Eric Hobsbawms
53

Eric J. Hobsbawm
Geschichtswissenschaft:
Impulse für Menschen, nicht nur Fußnoten
69

Die Wiener Vorlesungen im Rathaus

Die große Resonanz, die der Vortrag des berühmten deutschen Soziologen Prof. Dr. René König am 2. April 1987 im Wiener Rathaus bei einem sehr großen Publikum hatte, inspirierte die Idee einer Vorlesungsreihe im Rathaus zu den großen Problemen und Überlebensfragen der Menschen am Ausgang des 20. Jahrhunderts.

Das Konzept der Wiener Vorlesungen ist klar und prägnant: Prominente Denkerinnen und Denker stellen ihre Analysen und Einschätzungen zur Entstehung und zur Bewältigung der brisanten Probleme der Gegenwart zur Diskussion. Die Wiener Vorlesungen skizzieren nun seit Anfang 1987 vor einem immer noch wachsenden Publikum in dichter Folge ein facettenreiches Bild der gesellschaftlichen und geistigen Situation der Zeit. Das Faszinierende an diesem Projekt ist, dass es immer wieder gelingt, für Vorlesungen, die anspruchsvolle Analysen liefern, ein sehr großes Publikum zu gewinnen, das nicht nur zuhört, sondern auch mitdiskutiert. Das Wiener Rathaus, Ort der kommunalpolitischen Willensbildung und der Stadtverwaltung, verwandelt bei den Wiener Vorlesungen seine Identität von einem Haus der Politik und Verwaltung zu einer Stadtuniversität. Das Publikum kommt aus allen Segmenten der Stadtbevölkerung; fast durchwegs kommen sehr viele Zuhörer aus dem Bereich der Universitäten und Hochschulen; das Wichtige an diesem

Projekt ist jedoch, dass auch sehr viele Wienerinnen und Wiener zu den Vorträgen kommen, die sonst an wissenschaftlichen Veranstaltungen nicht teilnehmen. Sie kommen, weil sie sich mit dem Rathaus als dem Ort ihrer Angelegenheiten identifizieren, und sie verstärken durch ihre Anwesenheit den demokratischen Charakter des Hauses.

Es ist immer wieder gelungen, Referentinnen und Referenten im Nobelpreisrang zu gewinnen, die ihre Wissenschaft und ihr Metier durch die Fähigkeit bereichert haben, Klischees zu zerschlagen und weit über die Grenzen ihres Faches hinauszusehen. Das Besondere an den Wiener Vorlesungen liegt vor allem aber auch in dem dichten Netz freundschaftlicher Bande, das die Stadt zu einem wachsenden Kreis von bedeutenden Persönlichkeiten aus Wissenschaft und Forschung in aller Welt knüpft. Die Vortragenden kamen und kommen aus allen Kontinenten, Ländern und Regionen der Welt, und die Stadt Wien schafft mit der Einladung prominenter Wissenschaftlerinnen und Wissenschaftler eine kontinuierliche Einbindung der Stadt Wien in die weltweite »scientific community«. Für die Planung und Koordination der Wiener Vorlesungen war es stets ein besonderes Anliegen, diese freundschaftlichen Kontakte zu knüpfen, zu entwickeln und zu pflegen.

Das Anliegen der Wiener Vorlesungen war und ist eine Schärfung des Blicks auf die Differenziertheit und Widersprüchlichkeit der Wirklichkeit. Sie vertreten die Auffassung, dass Kritik ein integraler Bestandteil der

Aufgabe der Wissenschaft ist. Eine genaue Sicht auf Probleme im Medium fundierter und innovativer wissenschaftlicher Analysen dämpft die Emotionen, zeigt neue Wege auf und bildet somit eine wichtige Grundlage für eine humane Welt heute und morgen. Das Publikum macht das Wiener Rathaus durch seine Teilnahme an den Wiener Vorlesungen und den anschließenden Diskussionen zum Ort einer kompetenten Auseinandersetzung mit den brennenden Fragen der Gegenwart, und es trägt zur Verbreitung jenes Virus bei, das für ein gutes politisches Klima verantwortlich ist.

Fernand Braudel hat mit dem Blick auf die unterschiedlichen Zeitdimensionen von Geschichte drei durch Dauer und Dynamik voneinander verschiedene Ebenen beschrieben: »L'histoire naturelle«, das ist jener Bereich der Ereignisse, der den Rhythmen und Veränderungen der Natur folgt und sehr lange dauernde und in der Regel flache Entwicklungskurven aufweist. »L'histoire sociale«, das ist der Bereich der sozialen Strukturen und Entwicklungen, der Mentalitäten, Symbole und Gesten. Die Entwicklungen in diesem Bereich dauern im Vergleich zu einem Menschenleben viel länger; sie haben im Hinblick auf unseren Zeitbegriff eine »longue durée«. Und schließlich sieht er in der »histoire événementielle« den Bereich der sich rasch wandelnden Ereignisoberfläche des politischen Lebens.

Die Wiener Vorlesungen analysieren mit dem Wis-

sen um diese unterschiedlichen zeitlichen Bedingungs-
horizonte der Gegenwart die wichtigen Probleme, die
wir heute für morgen bewältigen müssen. Wir sind uns
bewusst, dass die Wirklichkeit der Menschen aus ma-
teriellen und diskursiven Elementen besteht, die durch
Wechselwirkungsverhältnisse miteinander verbunden
sind. Die Wiener Vorlesungen thematisieren die gegen-
wärtigen Verhältnisse als Fakten und als Diskurse. Sie
analysieren, bewerten und bilanzieren, befähigen zur
Stellungnahme und geben Impulse für weiterführen-
de Diskussionen.

Hubert Christian Ehalt

Vorwort
Gestaltungsräume für Gerechtigkeit und
Solidarität

Wissenschaft und Forschung standen und stehen – vor allem auch in Wien – für grundlagenorientierten Erkenntnisgewinn, für technische und medizinische Innovationen, die von den Bürgerinnen und Bürgern als nützlich empfunden werden, aber auch für die Durchsetzung, Tradierung und kontinuierliche Neueinstellung von Aufklärung. Aufklärung heißt die Infragestellung des Gegebenen auf empirisch-theoretischer Grundlage, ständig bestrebt, Klischees und Mythen über die gesellschaftliche Wirklichkeit aufzuspüren, in ihrer gesellschaftlichen Funktionalität zu erkennen und zu neuen adäquateren Analysen und Darstellungsformen des Gesellschaftlichen zu kommen. Diese analytische Arbeit ist untrennbar mit der Zielsetzung verbunden, neue Formen von Gesellschaft mit mehr Selbstbestimmung und größeren Erkenntnis- und Glückschancen zu ermöglichen. Aufklärung ist in der Regel für alle Beteiligten auch verstörend, weil Strukturen, Seh- und Erzählkonventionen gestört und umgestoßen werden. Aufklärung ging und geht davon aus, dass die Menschen die Fähigkeit haben, als mündige Bürgerinnen und Bürger Gesellschaft wertorientiert – im Sinne von Freiheit, Gleichheit und Solidarität, also im Sinne ethischer Zielsetzungen – zu gestalten und zu tradieren.

13

Aufklärung geht also davon aus, dass es unter den Menschen keine durch die Biologie und schon gar nicht durch die Gesellschaft begründbaren substanziellen Unterschiede geben sollte. Auf Geschichte angewendet heißt das, dass der gesellschaftliche Raum, in dem die Menschen agieren, die Möglichkeit für Gestaltung und Veränderung im Sinne des für die Individuen Besseren bietet. Zwischen Natur- und Kulturwissenschaften ergibt sich tendenziell eine interessante Differenz im Hinblick auf die Wirklichkeitsauffassung und die Einschätzung, in welchem Ausmaß und in welche Richtung Wirklichkeiten gestaltbar sind. Die Naturwissenschaften nützen grosso modo ihr Wissen darüber, wie die Welt im Innersten zusammenhängt und was sie zusammenhält, für die Entwicklung nützlicher Anwendungen dieser Erkenntnisse.

Die Kulturwissenschaften bestehen in der Regel darauf, dass die Menschen »frei« und nicht genetisch, ethnisch, ethologisch oder durch das Geschlecht »vorprogrammiert« sind. Die unendlich vielen »Spielarten«, in denen uns Gesellschaft und Kultur historisch entgegentreten, sind – auf einer breiten, empirisch gut dokumentierten Basis – eine Bestätigung dieser Gestaltungsfreiheit. Wenn Gesellschaft und Kultur in der Geschichte gestaltbare Räume waren, dann ist das a posteriori ein Beleg dafür, dass sie dies auch in der Gegenwart sind. Der Anspruch auf friedliche Koexistenz begründete und begründet in der Geschichte die Realität friedlicher Koexistenz. Der Anspruch auf gleiche Rechte von Angehörigen unterschiedlicher sozialer, ethnischer und nationaler Gruppen begründete und begründet die Realität gleicher Rechte dieser Gruppen. Der Anspruch auf die Gleichheit von Männern und Frauen begründete die Realität dieser Gleichheit. Die Ablehnung von Todes-, Leibesstrafen und von Folter begründete deren – zeitweise leider nur partielle – Abschaffung. Die Menschen hatten und haben die Fähigkeit, ethisch fundierte Ansprüche in die gesellschaftliche Realität zu bringen. Sie haben umgekehrt immer wieder mit dem Verweis auf historische Ungleichheit die prinzipielle Unmöglichkeit von Gleichheit und real existierende Ungleichheit zu belegen und zu legitimieren gesucht.

Die intellektuelle, geistes-, kultur- und gesellschaftswissenschaftliche Reflexion ging immer wieder davon aus, dass Freiheit, Gleichheit und Solidarität Aspekte der conditio humana sind, und es gelang ihr damit auch, Freiheit, Gleichheit und Solidarität situativ, zeitweise, für bestimmte – stets begrenzte – Zeiträume zu realisieren. Die Annahme der menschlichen Handlungsfreiheit begründet(e) menschliche Handlungsfreiheit und ist gleichzeitig ein gleichermaßen bedauerlicher wie erfreulicher Grund dafür, dass die Realisierung gesellschaftlicher Verhältnisse, in denen die Menschen fair, juridisch und sozial gerecht handeln, stets nur für begrenzte Zeiträume gilt. Soziale Fairness, Gleichbehandlung, demokratisches Prozedere sind stets Gegner der Macht; sie sind daher stets prekär und brauchen couragierte Bürger, die sich dafür einsetzen. Die Machtinstanzen und deren Protagonisten gleich welcher Zeit und Zugehörigkeit (auch demokratisch gewählte Gremien, Funktionäre und Funktionärinnen sind davor nicht gefeit) wollen Affirmation und willige Gefolgschaft; gefragt sind stets Akteurinnen und Akteure, die bereit sind, willfährig zu handeln, an der richtigen Stelle beifällig zu lachen und zu applaudieren. Überzogene Machtansprüche einerseits, vorauseilender Gehorsam und Opportunismus andererseits gehören zu den beständigsten Phänomenen, mit denen Historiker konfrontiert sind. Spürbare Gegengewichte zum Machtzusammenhang gibt es nur dort, wo das Netzwerk demokratischer Öffentlichkeit dicht gewebt ist.

Die Kruste der Zivilisation bleibt dünn und brüchig. Ständig ist Fairness, Demokratie, soziale Gerechtigkeit, Geschlechtergerechtigkeit durch Hierarchie, Autokratie, Monopolismus, Patriarchalismus und Barbarei bedroht. Umgekehrt gelang und gelingt es immer wieder unter Aufwendung großer intellektueller und sozialer Anstrengungen, Demokratie, Fairness und soziale Gerechtigkeit aufrechtzuerhalten. Ich bin der Überzeugung, dass die Menschen die Möglichkeit haben, mit einer fundierteren und verdichteten Einsicht in die gesellschaftlichen Mechanismen die Zeiträume der Zivilisation zu verlängern – Tag für Tag – und besser abzusichern und die Zeiträume des Barbarischen zu limitieren.

Die Kulturwissenschaften stehen für Dokumentation, Edition, Reflexion, Analyse und Kritik. Sie können eine kritische Instanz darstellen und als »Gewissen der Gesellschaft« fungieren. Die Kulturwissenschaften sind also Instanzen der Analyse und Dokumentation der Auseinandersetzung der Menschen mit den immer gleichbleibenden Fragen der menschlichen Existenz, mit den Problemen, die die Menschen als Individuen und Angehörige von Gruppen und größeren sozialen Einheiten lösen müssen.

Da sich die existenziellen Grundsituationen und Grundkonflikte nicht entscheidend verändert haben und das »Zeitalter der Extreme« (das von Eric Hobsbawm beschriebene 20. Jahrhundert) deutlich dokumentiert hat, dass es den von Georg Wilhelm Friedrich Hegel erhofften »Fortschritt im Bewusstsein der Freiheit« nicht gegeben hat und wohl auch nicht geben wird, ist der »Erfolg« in den Kulturwissenschaften im Sinne eines deutlichen Erkenntnisfortschritts – mit der Chance auf Konsequenzen – nicht so deutlich sichtbar.

Die verstärkte Anwendungsorientierung in den Naturwissenschaften, die die freie grundlagenorientierte Erkenntnissuche dort deutlich reduziert hat, macht eine begleitende kritische Reflexion aus geistes- und kulturwissenschaftlicher Sicht heute notwendiger denn je. Es wäre jedoch völlig verfehlt, würde man meinen, die Geisteswissenschaften stünden notwendigerweise auf der Seite der Kritik und die Naturwissenschaften auf jener der Affirmation.

Die Ergebnisse kulturwissenschaftlicher Forschung können Erklärungs- und Orientierungshilfe in einer ständig unübersichtlicher werdenden Welt bieten. Insbesondere das Ende des Ost-West-Konflikts hat deutlich gemacht, dass »die großen Erzählungen« ungeeignet sind, um die gegenwärtige Welt mit ihren Widersprüchen zu deuten und Orientierungsmarken für die Individuen zu setzen. Die großen Dogmen wurden zurückgedrängt, in Frage gestellt; in einer großen, neuen und mühsamen Anstrengung werden kulturelle, wirtschaftliche und politische Verhältnisse neu gedeutet. Diese Analyse und Deutungsarbeit der Kulturwissenschaften dämpft die Emotionen und vermittelt modellhaft Kategorien und Einsichten in das Entwicklungsgeschehen von Gesellschaft und die Rolle der Individuen in diesem Geschehen.

Die dynamische Weiterentwicklung der Naturbewältigung im Medium sich ausdifferenzierender Techniken verändert das alltägliche Leben der Menschen so rapide, dass die Kluft zwischen den Lebenswelten der Großeltern und jener der Enkel ständig größer wird. In der Konfrontation mit dem frappierend Anderen und durch die historische Herleitung gegenwärtiger Phänomene können Kulturwissenschaften wichtige Instrumente und Medien sein, um die angesichts schnellerer Veränderungen immer schwierigere Identifikation fremder und eigener Identität zu ermöglichen.

Mehr denn je ist Wissenschaft heute ein internationales System. Die großen städtischen Metropolen der Welt sind Knotenpunkte im Globalisierungsprozess. Globalisierung ist nicht nur ein ökonomisches Phänomen, sondern impliziert in bisher unbekanntem Ausmaß die Begegnung, den Austausch und auch den Konflikt zwischen Kulturen. Die zunehmende Komplexität und Vernetzung der Welt verlangt auch ein höheres Ausmaß an globalem kulturellen Wissen, von interkultureller Bildung und Reflexivität.

Den Geistes-, Kultur-, Kunst- und Sozialwissenschaften kommt in diesem Zusammenhang eine neue Bedeutung und Verantwortung zu. Sie können Verständnis für das Andere schaffen, ein Klima der kulturellen Offenheit und Toleranz fördern, zum sachlichen und verantwortungsvollen Umgang mit interkulturellen Konfliktpotenzialen beitragen.

Der gegenwärtig wesentlich durch einen Kapitalismus mit neoliberalem Antlitz vorangetriebene Globalisierungsprozess schränkt den Spiel-, Interpretations-, Nachdenk-, Gestaltungs-, Widerstands- und Veränderungsraum der Menschen zunehmend ein. Das Korsett, bestehend aus immer strikteren Normen, Regeln, Interpretationen im Sinn und im Dienst profitträchtiger Anwendungen und einer Welt, die als Markt interpretiert wird, auf dem sich gleichsam naturgesetzlich der Stärkere durchsetzt, wird neu und ständig fester geschnürt. Das Eintreten für die Freiheitsräume der Individuen als Faktum und als Diskurs, als Realität ebenso wie als Narrativ, für Wirtschaft als sozialen Gestaltungs- und Verantwortungsraum, ist heute wichtiger denn je und geschieht leider nicht in dem Maß, in dem es notwendig wäre und ständig notwendiger wird.

Der einundneunzigjährige Historiker Eric J. Hobsbawm hat sich Zeit seines Lebens für eine sozial gerechte – und damit für eine bessere – Welt eingesetzt. Die

Analyse der gefährlichen, interessanten, mörderischen Zeiten des 20. und voriger Jahrhunderte hat ihn – auf guten empirischen Grundlagen – nicht davon abbringen können, für eine Welt einzutreten, in der die Individuen einen Spielraum für Gestaltung und Veränderung der Welt im Sinne von Freiheit, Gleichheit, Brüderlichkeit und Solidarität haben. Denn eine Welt, in der die Menschen ein Netz von Akteurinnen und Akteuren bilden, in dem die Machtdifferenziale gering, die Empathie der Einzelnen groß sind und das Resultat einer friedlichen, humanen und fairen Sozietät, auf die die Bürgerinnen und Bürger dieser Welt stolz sein können, realisiert wird, entsteht nicht von alleine: »Von selbst wird die Welt nicht besser«, resümiert Eric J. Hobsbawm am Ende seiner Autobiografie.

Hubert Christian Ehalt

Hubert Christian Ehalt

Interessante, gefährliche, mörderische Zeiten
Über den Meister der Gesellschaftsgeschichte und Analytiker des 20. Jahrhunderts, Eric J. Hobsbawm

Die Stadt Wien hat einen neuen Ehrenbürger: Eric J. Hobsbawm, geboren am 9. Juni 1917 in Alexandria, der seine Kindheit bis zum 14. Geburtstag in Wien verbracht hat, wurde am 21. Januar 2008 von Bürgermeister Dr. Michael Häupl die Urkunde der Ehrenbürgerschaft überreicht. Unter den Persönlichkeiten, denen die höchste Auszeichnung der Stadt Wien bisher zuteil wurde, befinden sich unter anderem die Architekten der Ringstraße Friedrich Schmidt, Theophil Hansen, Heinrich Ferstel, die Komponisten Joseph Haydn, Richard Strauss, Ernst Krenek, Leonard Bernstein, der Maler Oskar Kokoschka, der Literaturnobelpreisträger Elias Canetti, der Psychotherapeut Viktor Frankl, die Politiker Karl Seitz, Karl Renner, Bruno Kreisky, Helmut Zilk, zuletzt Sepp Rieder. Eric Hobsbawm, der kritische, ungebrochene und beharrliche linksengagierte Historiker, der mit seinen luziden Analysen von Geschichte und Gesellschaft stets ein Weltpublikum erreicht, ist der erste Geisteswissenschaftler in dieser Reihe.

Hobsbawms Autobiografie ist kurz nach dem Terroranschlag auf das World Trade Center in New York am

11.9.2001 im Frühjahr 2002 erschienen. Sie trägt nach der Entscheidung des Autors den zunächst auf britisches Understatement verweisenden, aber mit ironischem Augenzwinkern gewählten Titel »Interesting Times«. Hobsbawm dachte dabei wohl an den chinesischen Fluch: »Ich wünsche dir, in einer interessanten Zeit zu leben.« Der deutsche Verleger, dem dieser britische Scherz zu sophisticated erschien, machte »Gefährliche Zeiten« daraus, was im Hinblick auf die Katastrophen des 20. Jahrhunderts fast euphemistisch wirkt. Hobsbawm selbst hat nie ein Hehl daraus gemacht, dass »das Zeitalter der Extreme« die Hegel'sche Metapher von der »Schlachtbank der Geschichte« auf den ultimativen Punkt gebracht hat – Shoa, Gulag, Pol Pot, Genozid in Ruanda.

Bereits über die Differenz der beiden Titel der Autobiografie gelangt man geradewegs in das Hobsbawm'sche Denken. Das Adjektiv »interessant« im englischen Titel bezieht sich stärker auf die historische Analyse- und Erklärungstätigkeit des Historikers als auf die Geschehnisse selbst, die im 20. Jahrhundert so oft in Barbarei ausarteten. Hobsbawm ist von dem Faktencharakter der Geschichte überzeugt und vergleicht die Tätigkeit des Historikers mit kriminalistischer Arbeit, detektivischer Kombinatorik und der Würdigung positivistischer Beweise in einem Gerichtsverfahren. Und diese kritische historische Analysearbeit ist als Erkundungs- und Reflexionsraum auch dann wichtig, wenn der gesellschaftliche Fortschritt, das Lernen aus Geschichte, aber auch der Fortschritt in der Geschichtswissenschaft selbst, von ihm eher skeptisch beurteilt wird: Historische Analyse schafft einen Raum für differenzierte Beurteilung und verhindert damit Barbarei, »doch selbst wenn man bestreitet, dass überhaupt Fortschritte zu erzielen seien, gibt es niemanden, der bestreiten könnte, dass mir diese Arbeit großes Vergnügen bereitet«.

Eric Hobsbawm sagt über sich, dass er eine eigentümliche Art Wiener ist: in Ägypten geboren und zweitens Engländer; die Mutter Nelly Grün allerdings war eine gebürtige Wienerin. Sie kam aus einem gutbürgerlichen Haus, die Tochter eines jüdischen Juweliers. Zur Matura wurde ihr eine Reise geschenkt und sie entschied sich für Ägypten, wo die Familie Verwandte hatte. Dort lernte sie Percy Hobsbawm kennen, der im Land geschäftlich tätig war. Die beiden heirateten in der Schweiz und kehrten 1918 nach Wien zurück.

Die wienerisch-englisch-jüdischen Wurzeln, das Spannungsfeld zwischen England und Zentraleuropa – der Vater seines Vaters kam aus Polen und hieß Obstbaum – haben Hobsbawms kosmopolitische Haltung und Interessen geprägt. Nach dem frühen Tod der Eltern (1929 starb der Vater, 1931 die Mutter) kam der Vierzehnjährige zu seinem Onkel nach Berlin. Die zwei Jahre in Berlin, damals »eine Stadt zum Sehen statt zum Stehen«, werden zu der wichtigsten Zeit in seinem Leben. Die letzten Monate der Weimarer Republik, die Aktionen von Braun und Rot, die Demonstrationen, die ihn an jene der jungen Radikalen von 1968 erinnern, die Lektüre von Karl Kraus, Bert Brecht, Karl Marx haben Hobsbawm nachhaltig politisiert. Deutlich erinnert er sich an diese Zeit, in der es schwer war, unpolitisch zu sein. Die Erfahrung und die spätere Reflexion der Themen, Inhalte, Motive, aber auch die Texte und Melodien von damals waren prägend und sind ihm in lebendiger Erinnerung: zum Beispiel die Erich-Weinert-Lieder – »Keenen Sechser in der Tasche, bloss 'n Stempelschein, durch die Löcher der Kledasche schaut die Sonne rein … Stellste dir zum Stempeln an, wird das Elend nicht behoben. Wer hat dich du armer Mann abjebaut so hoch da oben«. Mit sechzehn Jahren wusste er, dass und wozu er den Beruf des Historikers wählen wollte. Im Frühjahr 1933 verließ Eric Hobsbawm Berlin.

Seine berufliche Laufbahn begann mit einem Stipendium am King's College in Cambridge, das damals Mitte der dreißiger Jahre wissenschaftlich und politisch gleichermaßen lebendig anregend und fruchtbar war. Nach seinem Dienst bei der britischen Armee (bis 1946) und einem verstärkten Engagement in linken nationalen und internationalen Gruppierungen und Netzwerken wurde Hobsbawm 1947 Lehrbeauftragter am Birkbeck College, wo er bis zu seiner Emeritierung 1982 lehrte. (Gast-)Professuren hatte er unter anderem an der Stanford University, dem Massachusetts Institute of Technology, der Cornell University, der École des Hautes Études en Sciences Sociales, am Collège de France und an der New School for Social Research in New York inne.

Eric Hobsbawm war einer der großen Anreger für eine Geschichtsforschung, die sich seit den sechziger

Jahren des 20. Jahrhunderts aus den Traditionen eines auf Persönlichkeiten und Ereignisse fokussierten theoriefeindlichen und theoriefernen Umgangs mit Geschichte befreite. Das ausschließliche Interesse an politischer Ereignisgeschichte und den Männern, die sie mach(t)en, schloss die Mehrzahl der Menschen aus der Geschichte aus. Diese historische Perspektive konnte nur wenig dazu beitragen, die Entwicklungen und Strukturen, die das Leben der einzelnen Menschen mit ihren Möglichkeiten, ihren Sichtweisen und Sehnsüchten, ihren Ritualen und Symbolen betrifft, zu erklären. Die einfachen Leute, die Arbeiter, die Angehörigen der ländlichen und städtischen Unterschichten, die Randgruppen und die absolute Mehrheit, die Frauen, kamen in der Geschichte nicht vor: weder als Akteurinnen und Akteure noch als Gegenstand.

Hobsbawms Bücher über »Sozialrebellen« (erstmals erschienen 1959 unter dem Titel »Primitive Rebels«) und »Banditen« (Erstauflage 1969) lenkten den Blick der Forschung gleichermaßen auf Strukturen, in denen Banditen, Räuber und Rebellen agieren, wie auf deren Rituale, Symbole und die Mythen und Erzählungen, in denen über sie – in ganz Europa in ähnlichen Geschichten – berichtet wird. Hobsbawm interessieren in diesen Büchern die Banditenaktivitäten nicht als singuläre Ereignisse, als Teil einer allgemeineren Ereignisgeschichte; ihn interessieren die Strukturen, innerhalb derer Räuber und Sozialrebellen handeln, ihre Motive, ihre Möglichkeiten, wie sie gesehen wurden, was sie bewirkten. Er folgt dabei einem Postulat, das Norbert Elias in den sechziger Jahren auf den Punkt gebracht hat: Historiker und Soziologen müssen Mythenjäger sein.

Gemeinsam mit Terence Ranger hat Hobsbawm in diesem Zusammenhang der Mythenkritik den Begriff »the invention of tradition« geprägt. In dem gleichnamigen Buch zeigen Hobsbawm und Ranger, wie diese erfundenen Traditionen Gruppenidentitäten fundieren und festigen und damit auch bewusst dazu eingesetzt werden, Machtansprüche zu legitimieren.

Hobsbawm zerstört mit all seinen Büchern nostalgisch-romantische Vorstellungswelten jeder Art von Helden, gleich ob in der Politik, in der Rebellion gegen politische Macht oder in der Übergangszone, dort, wo Banditen in die Politik wechselten.

Hobsbawms gesellschaftsgeschichtlich-historisch-anthropologischer Zugang zu den Lebenswelten, in denen die Menschen ihre Gestaltungsräume haben, in denen Ideen entstehen, Träume und Sehnsüchte sich entfalten und sich stets auch ein Bedürfnis nach Gerechtigkeit und Glück manifestiert, eröffnet gleichsam eine Innenansicht der Gesellschaft; und die ist überall gleichermaßen analysebedürftig und interessant; gleich wo man ansetzt: in den Headquarters der Wirtschaftsmacht, bei Banditen, Guerillas und Rebellen und nicht zuletzt in den Kunstszenen und -räumen, für die sich Hobsbawm immer ganz besonders interessiert hat. Hobsbawm, der glänzend zu schreiben versteht und selbst komplexe Strukturanalysen packend berichtet, hätte sein Leben wohl auch als

Jazzkritiker verdienen können. Und wenn man gesehen hat, wie Hobsbawm dem Jazzmusiker Christian Muthspiel bei der Finissage seines verstorbenen Freundes, des Malers Georg Eisler, am 20. Januar 2008 zugehört hat, spürte man, dass Jazz bei ihm einen zentralen Lebensnerv aktiviert.

Eric Hobsbawm hat zeitlebens ein Engagement für soziale Gerechtigkeit mit der strikten Ablehnung jedes Dogmatismus verbunden. Der ungeheuer große Fundus seiner historischen Analysen, die ganz unterschiedliche Gesellschaften rund um den Globus, aber auch Globalgeschichte (»The Age of Capital«, 1980; »The Age of Empire« 1987; »The Age of Extremes«, 1994) betreffen, bestätigt Hobsbawms These, die er bis heute mit ungebrochenem Engagement vertritt: Geschichte und Gesellschaft sind Gestaltungsräume, in denen der Wunsch von Akteurinnen und Akteuren nach sozialer Gerechtigkeit und Fairness immer durchleuchtet.

Die postmoderne Entwicklung der Geschichtswissenschaft, Geschichte nicht als Tatsachen, sondern als Texte und Erzählungen zu thematisieren, macht ihn sichtlich ärgerlich: »… die Tendenz, Fakten als unwichtiger zu betrachten, schafft ein Klima des Relativismus. Es ist gefährlich, wenn wir eine Geschichte schreiben, die nicht danach beurteilt wird, ob sie wahr ist oder nicht, sondern danach, ob sich die Mitglieder einer bestimmten Gruppe damit wichtig machen.«

Die Welt, die nach dem Zusammenbruch des kommunistischen Imperiums mit einem brutalen globalen

Kapitalismus und einem internationalen Terrornetzwerk konfrontiert ist, braucht jedenfalls nicht nur sozialingenieurmäßiges Funktionieren – Schmieröl für die ökonomischen Machtapparate –, sondern auch und vor allem fundierte Kritik, distanzierte, skeptische Beurteilung, die uns, so Eric Hobsbawm, ausstattet »mit einem klareren Auge, dem Sinn für historische Erinnerung und der Fähigkeit, zu den Leidenschaften und Werbesprüchen des Tages auf Distanz zu gehen«.

Jürgen Kocka

Eric Hobsbawm als Sozial- und Welthistoriker

Eric Hobsbawm hat mich mein ganzes Berufsleben hindurch beeinflusst. Als ich in den sechziger Jahren begann, mich für die Sozialgeschichte zu interessieren, waren Eric Hobsbawms Arbeiten schon da und zeigten eindrucksvoll, was auf diesem Gebiet möglich war. Wenn ich jetzt überlege, was ich mir für die Zeit nach der bevorstehenden Pensionierung noch vornehmen soll, nehme ich mir Eric Hobsbawms riesenhaftes Werk der letzten zweieinhalb Jahrzehnte zwar nicht als Maßstab – das wäre unklug –, aber ich habe es doch im Blick – mit großer Bewunderung und als ermutigenden Beleg dafür, was ein Historiker, wenn es gut geht, bis ins hohe Alter schaffen kann.

Erlauben Sie, dass ich Eric Hobsbawm als Historiker würdige, indem ich einige Bemerkungen über den gegenwärtigen Stand der internationalen Geschichtswissenschaft vortrage und in diesem Panorama jeweils den ungewöhnlichen Ort bezeichne, den Eric Hobsbawm einnimmt. Dies in vier Thesen:

1. Historische Studien werden bis heute vor allem im nationalgeschichtlichen Rahmen betrieben. Das hängt mit der Tradition des Faches zusammen, das im 19. Jahrhundert als Bündnispartner des sich bildenden oder machtvoll zur Geltung bringenden Nationalstaats zum

hoch respektierten Massenfach wurde und bis heute viel zur kollektiven Selbstverständigung im nationalen Rahmen, zur kulturellen Nationsbildung, zur Bekräftigung – oder zur Kritik – nationaler Identität beiträgt. Die nationalgeschichtliche Rahmung hängt auch mit der Neigung der Historiker zusammen, sehr genau hinzusehen, sich zu spezialisieren und Quellen in der Originalsprache zu lesen – und wie viele Sprachen beherrscht schon der normale Historiker! Sie hängt auch mit den Erwartungen des Publikums zusammen, das – in der Schule, auf dem Büchermarkt, im Fernsehen – vor allem etwas über die eigene Geschichte erfahren will und »eigene Geschichte« – trotz mancher Blickerweiterung der letzten Jahrzehnte – weiterhin vor allem nationalgeschichtlich versteht. Die nationalkulturelle Rahmung der Geschichte als Wissenschaft bleibt insgesamt mächtig – außerhalb des Westens eher noch mehr als hier –, und es ist nun die spannende Frage, wie sich dieses Fach auf seine gegenwärtig größte Herausforderung einzustellen vermag, nämlich auf die Globalisierung und die daraus folgenden Chancen, Geschichte im transnationalen, der Tendenz nach globalen Rahmen zu konzipieren und dann auch zu betreiben. Die Jüngsten im Fach werden durch diese Herausforderung so fasziniert wie meine Generation durch die Herausforderung der Sozialgeschichte fasziniert war, die Debatte über Transnationalisierung und Globalgeschichte zeigt es.

Diesem Trend ist Eric Hobsbawm in einmaliger Weise voraus. Sein Werk zeigt eindrucksvoll, dass man globalgeschichtlich argumentieren und schreiben kann, ohne die Regeln der Profession zu verletzen. Vor allem aber dokumentiert er durch seine Statur, seine Rolle, seine Reputation, dass es seit geraumer Zeit schon vereinzelt transnationale und transkontinentale Verknüpfer und Brückenbauer in der Geschichtswissenschaft gibt, über die nationalgeschichtlichen Grenzen hinweg. Hobsbawms Werk ist international flächendeckend bekannt, es belegt und trägt dazu bei, dass sich unter Historikern transnational gemeinsame Standards und Orientierungen entwickeln – wie ein Leuchtturm, der grenzüberschreitende Verständigung erlaubt. Ich sehe gegenwärtig keinen anderen Historiker weltweit, der eine ähnlich intensive Ausstrahlungskraft hätte. Sicherlich hängt das unter anderem mit der – anfangs erzwungenen – Transnationalität des Werdegangs Hobsbawms zusammen.

2. Die Geschichte, ein modisches Fach? Wenn man sich einige Jahrzehnte als Historiker betätigt hat, ist man vom rasanten Wandel der dominanten Stimmungen, Richtungen, Themen, auch Methoden beeindruckt. Dies sollte man nicht kritisieren. Zwar gibt es die bissige Pointe, die dem jüngeren Samuel Butler zugeschrieben wird: »Was ist der Hauptunterschied zwischen Gott und den Historikern?« Die Antwort: »Gott kann die Vergangenheit nicht mehr ändern.« Und es gibt den gern zitierten Seufzer eines deutschen Kaufmanns (Ron Kritzfeld): »Historiker: Produzieren täglich andere Vergangenheiten.«

Aber im Kern ist Wandel normal. In der Wissenschaft

ist die Suche nach Neuem an sich hoch prämiert. Und die Fragestellungen der Historiker orientieren sich zu Recht an den großen Erfahrungen und Problemen der eigenen Zeit, die in ständigem Wandel begriffen sind.

Allerdings hat sich das Tempo des innerfachlichen Wandels in den letzten Jahren beschleunigt, er entbehrt nicht der modischen Züge. Denn Hergebrachtes wird nicht nur beiseite gerückt, weil es erschöpft, widerlegt oder als unnütz erwiesen wäre, sondern auch, weil es langweilig, uninteressant und altmodisch geworden ist. Neues wird auch deshalb gesucht, weil es neu ist und Aufmerksamkeit verspricht, Absetzung von anderen und zugleich Anerkennung durch andere ermöglicht, sofern es einen neuen Trend anzuzeigen verspricht. Um dieses Neue entsteht dann rasch großes Gedränge, zumindest verbal, der Reiz des Neuen und Besonderen schwächt dadurch ab, und das ergibt neue Chancen für die nächste Spirale, für weiteren Wandel dieser Art. – Die verschiedenen »turns«, die das Fach in den letzten Jahrzehnten erlebt und diskutiert hat, bezeugen es – der *cultural turn*, der *semantic turn*, der *spatial turn*. Auch die jüngste Faszination durch Globalgeschichte ist ein Beispiel. All dies kann intellektuell interessant sein, oftmals auch wissenschaftlich produktiv, ist keineswegs schlechthin zu verdammen. Gleichwohl wirkt es manchmal kurzatmig, übermäßig bewegt, wie ein unernstes Spiel.

Auch Eric Hobsbawms Werk hat sich über die Jahrzehnte gewandelt – von den frühen Arbeiten zu sozialen Protesten, zur Arbeitergeschichte, zum Lebensstandard

32

in der Industrialisierung über die Geschichte des Imperialismus und des Nationalismus bis zur Serie der großen Synthesen mit globalgeschichtlicher Reichweite und zugehörigen Reflexionen im Essay-Stil. Aber ich vermag keine »turns«, keine modischen Spiralen in seinem Werk zu entdecken. Er ist beispielsweise nie (wie so mancher andere marxistische Sozialhistoriker der sechziger und siebziger Jahre) mit fliegenden Fahnen zur Kulturgeschichte der achtziger und neunziger Jahre übergelaufen. Sein sozialgeschichtlicher Ansatz war allerdings von Anfang an unorthodox und breit genug, um Kulturelles nicht auszublenden. Aber sein Ansatz war doch entschieden genug, um bestimmte Moden nicht mitzumachen. Hobsbawm war – beispielsweise – konstruktivistisch genug, um zusammen mit Terence Ranger die »invention of tradition« zum großen Thema zu machen. Zugleich hat er immer darauf bestanden, dass der Gegenstand historischer Forschung real ist, dass man zwischen Fakten und Fiktionen unterscheiden kann und muss, dass der Konstruktivismus seine Grenzen hat. Modisch war Hobsbawms Werk nie, und dass es heute so viel weniger oppositionell und randständig, so viel anerkannter ist, als es war, liegt eher daran, dass sich die Welt verändert, weniger daran, dass sich Eric Hobsbawm angepasst hat.

3. Sozialgeschichte. – Die Sozialgeschichte war lange eine spezialisierte Teildisziplin der Geschichtswissenschaft, oft zusammen mit der Wirtschaftsgeschichte, und ist dies auch weiterhin. Gerade hier in Wien wurde und wird dazu Hervorragendes geleistet. Hobsbawm hat dazu

beigetragen, ich sagte es schon. Aber er veröffentlichte 1972 den Artikel »From Social History to the History of Society«, der im gleichen Jahr auch auf Deutsch erschien: Von der Sozialgeschichte zur Gesellschaftsgeschichte. Darin schilderte er den Stand und die Bandbreite der damaligen Forschung, hob hervor, was das Wichtigste sei, und plädierte für eine Ausweitung des sozialgeschichtlichen Blicks: Sozialgeschichte solle nicht mehr bloß die Geschichte eines Sektors der Wirklichkeit sein, sondern sie sollte sich zur Allgemeingeschichte aus sozialgeschichtlichem Blickwinkel entwickeln, eben zur Gesellschaftsgeschichte. Bei einem Neuabdruck dieses Artikels vor einigen Jahren blickte Eric Hobsbawm mit einer gewissen Verlegenheit auf ihn zurück und notierte selbstkritisch, dass der Aufsatz keinen einzigen Hinweis auf Frauen- oder Geschlechtergeschichte enthalten habe. In der Tat, es ist gut, sich an diese damaligen Grenzen zu erinnern. Gleichwohl, der Artikel traf damals einen Nerv, er beeinflusste die Jüngeren tief, uns in Bielefeld zum Beispiel, wo es darum ging, ein Programm der Sozialgeschichte als Gesellschaftsgeschichte zu entwerfen. Der Artikel ist zum viel zitierten Klassiker und Hobsbawm damit zum Weichensteller geworden.

Er selbst hat diese Entwicklung von der Sozial- zur Gesellschaftsgeschichte in seiner Weise vollzogen, andere haben es auf ihre Weise versucht. Mit dem Aufschwung der Kulturgeschichte seit den achtziger Jahren ist es dann um das Programm der Gesellschaftsgeschichte stiller geworden, sehr still zum Teil. Doch die mächtige kulturgeschichtliche Welle hat ihren Zenit längst überschritten, sie ebbt langsam ab, sie verliert an intellektuellem Momentum. Der Blick wird wieder frei auf das, was kulturgeschichtlich über die Jahre nicht oder kaum zur Sprache gekommen ist: auf die Geschichte des Kapitalismus, der Ungleichheit, der großen sozialen Formationen, der globalen Zusammenhänge. Ein Rückgang zur Sozial- und Gesellschaftsgeschichte der sechziger und siebziger Jahre wird nicht stattfinden. Die bedeutenden Errungenschaften des *cultural turn* gilt es zu erhalten. Hobsbawms Artikel von 1972 könnte aber für das, was bevorsteht, aktueller sein, als es auf den ersten Blick scheint.

4. Marxismus. Große Geschichtsschreibung – die seltene Fähigkeit zur umfassenden Synthese, die ihr Publikum findet – lebt von der Perspektive. Damit meine ich, dass eine Vorstellung davon, was die Gegenwart ist und die Zukunft sein sollte, nötig ist, um aus der Schutthalde des Vergangenen Geschichte werden zu lassen – bündig dargestellt und mit Resonanz. An diesem Punkt hängt die politische Überzeugung Hobsbawms mit seiner Gestaltungskraft als Historiker zusammen.

Eric Hobsbawm bleibt, auch nach eigenem Bekunden, einer marxistischen Geschichtsauffassung verpflichtet. Er hat sie allerdings nie ganz wörtlich genommen und im Laufe der Zeit weiter entkonkretisiert. Was übrig bleibt, ist eine wissenschaftlich-politisch-moralische Grundposition, die Hobsbawm lieber mit den Worten Ibn Chalduns, des arabischen Gelehrten aus dem 14. Jahrhundert, umschreibt als mit den Worten des Kommunistischen Manifestes. »Wisse, dass der wahre Sinn der Geschichte Kunde vom menschlichen Zusammenschluss ist – welcher die Kultur der Welt darstellt –, und von den Zuständen, die dem Wesen dieser Kultur anhaften, von den verschiedenen Arten der Überlegenheit der Menschen übereinander, und dem Königtum und den Staaten und ihren Rängen, die aus (dieser Überlegenheit) entstehen; von dem Erwerb und Lebensunterhalt, Wissenschaften und Künsten, denen sich die Menschen in ihren Tätigkeiten und Anstrengungen widmen, und was sonst noch in dieser Kultur natürlicherweise an Zuständen eintreten kann.« »Dieses Verständnis ist«, so fährt Hobsbawm fort, »die beste Anleitung für Historiker wie mich, die sich hauptsächlich mit der Entstehung des modernen Kapitalismus und den Veränderungen der Welt seit dem Ausgang des europäischen Mittelalters beschäftigt haben.«[1]

Mit dieser Geschichtssicht verbindet Hobsbawm zum einen eine unbeirrbare ideologiekritische Stoßrichtung: Der Historiker habe sich gegenüber Legenden, Mythen und Ideologien kritisch zu verhalten. »Denn die Geschichte ist der Rohstoff für nationalistische oder völkische oder fundamentalistische Ideologien, so wie Mohnpflanzen den Rohstoff für die Heroinsucht enthalten. Die Vergangenheit ist ein wesentliches Element, wenn nicht das wesentlichste Element überhaupt in diesen Ideologien. Wenn es keine passende Vergangenheit gibt, lässt sie sich stets erfinden.« Hier liegt für Hobsbawm die kritische Verantwortung des Historikers begründet, dessen Werkstatt, wenn er unverantwortlich ist, schnell zur »Munitionsfabrik« werden kann.

Aus seiner Variante des Marxismus folgt für Hobsbawm zum andern ein ausgeprägtes Interesse für die kleinen Leute, »für die einfachen Menschen ..., die nicht überdurchschnittlich intelligent oder interessant sind (es sei denn, wir verlieben uns in einen von ihnen), nicht übermäßig gebildet, erfolgreich oder für den Erfolg bestimmt – kurzum für Menschen, die nichts Besonderes sind« und die »schon früher in die Geschichte außerhalb ihrer nächsten Umgebung als Individuen nur in den Geburts-, Hochzeits- und Sterberegistern Eingang gefunden haben. Jede lebenswerte Gesellschaft ist auf sie zugeschnitten, nicht auf die Reichen, die Cleveren, die Ausnahmeerscheinungen ...«.[2] Man sieht, Sozialgeschichte besitzt ein spezifisches Ethos, oder kann es besitzen.

Schließlich ergeben sich aus Hobsbawms Marxismus die Überzeugung von der Wirkungsmächtigkeit sozialökonomischer Faktoren, Unterschiede, Spannungen und Konflikte, die ausgeprägte Sensibilität für Herrschaft und Ungleichheit, Kapitalismuskritik und sichere Erwartung zukünftigen Wandels über die gegenwärtige Situation hinaus, wenngleich oft mit pessimistischer Färbung und ohne sichere Vermutung, wohin.

Ich muss es bei diesen Andeutungen über die moralisch-politisch-wissenschaftliche Grundposition belassen, von der aus sich Hobsbawm zu einer Vielzahl von Problemen verhalten kann. Ihm fällt immer etwas ein. Es ist eine Position von ausreichender Stabilität und Flexibilität, die große historische Synthesen zu tragen vermag, weil sie Vergangenheit, Gegenwart und Zukunft zusammendenkt.

Anders als andere Marxismen hat diese Sicht der Dinge den Zusammenbruch des institutionalisierten Marxismus kommunistischer Prägung überlebt. Sie enthält keine bestimmte Utopie und keine Prognose, aber Orientierungskraft und Perspektive. Anders als während des größten Teils des 20. Jahrhunderts ist der atemberaubende Siegeszug des Kapitalismus – weltweit – heute ohne erkennbare Alternative. Aber auch das Bewusstsein von seinen großen »Kosten« wächst, die Ungleichheit und der Ressourcenverzehr werden zum öffentlichen Thema, die Kritikbereitschaft nimmt wieder zu, jedenfalls hier im Westen, bald zwei Jahrzehnte nach jener tiefen Zäsur von 1989–91. Deshalb vor allem steht zu vermuten, dass marxisierende Geschichtsdeutungen nicht nur eine große Vergangenheit, sondern auch eine bedeutende Zukunft haben. Wer sich darin versucht, muss sich allerdings an Eric Hobsbawm messen lassen. Das ist nicht einfach, sollte aber niemanden entmutigen.

Anmerkungen

1 Wieviel Geschichte braucht die Zukunft, München/Wien 1998, S. 10.
2 Ebenda, S. 23.

Ernst Wangermann

Leben und Werk Eric Hobsbawms:
der politisch engagierte Historiker

Da mich mit Eric Hobsbawm eine Bekanntschaft verbindet, die nun mehr als ein halbes Jahrhundert zurückreicht, und unser beider Lebenslauf einige Parallelen aufweist, bereitet es mir eine außerordentliche Freude, im Rahmen dieser Publikation über sein Leben und Werk zu schreiben.

Vorerst einige Bemerkungen zum Widerhall auf seine Autobiografie, die vor etwa fünf Jahren erschienen ist. Die freie Marktwirtschaft, wie gegenwärtig so oft behauptet wird, bringt uns den Vorteil, aus einem breiten Angebot eine freie Auswahl treffen zu können. Nun, die Rezeption der Autobiografie Eric Hobsbawms vonseiten der zahlreichen Rezensenten scheint uns ein gutes Beispiel davon zu liefern. »Der letzte Revolutionär« (Thomas Kroll in *Neue Politische Literatur*);[1] »Der Kommunist als Romantiker« (Wolf Lepenies in der *Süddeutschen Zeitung*);[2] »Eric the Red« (Christopher Hitchens in der *New York Times*);[3] »Franc-tireur« (der Titel der französischen Ausgabe).[4] Also – take your choice! Mir ist bis jetzt keine Rezension untergekommen mit dem Titel: der politisch engagierte Historiker. Aber der ist das Thema meiner heutigen Überlegungen.

Eric Hobsbawm wurde Kommunist bevor er Historiker wurde. Was ihn innerhalb des Geschichtssyllabus der Universität Cambridge besonders interessierte, war daher von seinen marxistischen Perspektiven beeinflusst. Sein historisches Werk ist also von seinen politischen Voraussetzungen und seiner politischen Orientierung nicht zu trennen. Meines Erachtens ist diese Untrennbarkeit bei den meisten Historikern nicht nur gegeben, sondern auch deutlich erkennbar. Viele wollen das jedoch für sich nicht wahrhaben und halten sich für Musterbeispiele reinster Objektivität. Eric Hobsbawm hat über sich als politisch engagierter Historiker Rechenschaft abgelegt.

Nachdem er im Jahre 1946 aus dem Kriegsdienst in das akademische Leben zurückkehrte, engagierte er sich in der Historians' Group of the Communist Party, in deren Sitzungen und Veranstaltungen wir uns kennenlernten. Ziele und Tätigkeiten dieser Gruppe, über die Eric Hobsbawm später selbst ein Memoire verfasste und ihre Bedeutung für sein Werk, darauf möchte ich mich in diesem Beitrag konzentrieren. In dem Memoire finden wir folgenden Passus, den ich in deutscher Übersetzung zitiere:

»Die Geschichte ist das Herzstück des Marxismus ... Die Geschichte – die Entwicklung des Kapitalismus bis zu seiner gegenwärtigen Phase, besonders in unserem Land, die Marx selbst studiert hatte – hatte nach unserem Verständnis unsere Bestrebungen auf die Tagesordnung gesetzt und garantierte unseren Sieg.«[6]

In dieser Auffassung lauerte zweifellos für den Historiker potenziell eine große Gefahr – nämlich die Versu-

chung, aus der Geschichte mehr Ermutigung und Bestä-
tigungen für die eigenen politischen Bestrebungen heraus-
zulesen, als durch die gesicherten Tatsachen gerechtfer-
tigt war. Dieser Versuchung zu erliegen wird sehr oft
engagierten Historikern aus dem linken politischen Lager
zum Vorwurf gemacht. Insbesondere dem vor wenigen
Jahren verstorbenen Historiker der deutschen Jakobiner
Walter Grab ist dieser Vorwurf – zu Unrecht – gemacht
worden! Eine wesentliche Aufgabe, die sich die Historians' Group setzte, war die Geschichte der Arbeiterbewegung zu pflegen und in der Bevölkerung das Bewusstsein
für ihre kämpferischen Traditionen zu stärken. Das war
nun sicher ein Grund dafür, dass Eric Hobsbawm diese
Materie zu einer seiner Hauptbeschäftigungen machte.
Von der oben erwähnten Versuchung wird man jedoch in
seinen einschlägigen Publikationen keine Spur finden.
Auch jene Schriften, die sich eindeutig mehr an arbeiten-
de als an akademische Leser richteten, sind durch stren-
ge wissenschaftliche Integrität und sachkundigen Realismus geprägt, obwohl dieser Realismus oft auf den ersten
Blick dem politischen Zweck nicht zuträglich zu sein
schien. Betrachten wir Eric Hobsbawms Beiträge zur Geschichte und zu den Traditionen der Arbeiterbewegung
insgesamt, dann fällt auf, dass ihn die wissenschaftliche
Suche nach ihren kämpferischen Traditionen bald von ihrer neueren Geschichte weg in die Frühzeit, ja in die Vor-
geschichte der Bewegung führte, für die er, nicht zuletzt
in der Historikerzunft, ein ganz neues Interesse und Verständnis hervorbrachte. Für die erste Nummer der von ihm

mitbegründeten Zeitschrift *Past & Present* (Februar 1952) trug er eine Studie über die *machine breakers* bei. Aus ihr lernt man, dass Maschinenstürmen, diese meist als sinnloser Amoklauf verzweifelter Handwerker aufgefasste Tätigkeit, im Kontext der damaligen Gegebenheiten einen gewissen Sinn hatte, das heißt, dass sie manchmal den angepeilten Zweck erreichte.[7] Diese Studie ist vor Kurzem als »un grand classique« in französischer Übersetzung in der *Revue d'histoire moderne et contemporaine* wieder veröffentlicht worden.[8] Bald darauf erschien Eric Hobsbawms erstes Buch, »Social Bandits and Primitive Rebels«, wozu der Aufstand der Kikuyu gegen die Britische Kolonialherrschaft in Kenya mehr als die Kämpfe der Arbeiterbewegung in England den Anstoß gab.[9] Diese vergleichende Studie ganz unterschiedlicher sozialer Protestbewegungen des vorindustriellen Zeitalters in weit voneinander entfernten Ländern hat Eric Hobsbawm weltweit bekannt gemacht und ist neulich sogar in einer türkischen und einer chinesischen Fassung erschienen.

Was nun die Arbeiterbewegung in England betraf, so mussten im Laufe der Jahre alle, die nicht den Kontakt mit der Realität gänzlich verloren hatten, erkennen, dass spätestens in den siebziger Jahren von einer fortschreitenden Bewegung, deren anspruchsvolle Ziele marxistische Intellektuelle durch Vorträge und Schriften hätten befördern können, gar keine Rede mehr sein konnte. Der deutlichste Indikator dafür war der seit 1951 ständig schrumpfende Anteil der Labour Party an den in parlamentarischen Wahlen abgegebenen Stimmen. Die gleichzeitige militante Stimmung in vielen Gewerkschaften und die häufigen Streiks, die von manchen Beobachtern, auch in Österreich, als Zeichen der Stärke der britischen Arbeiterbewegung gedeutet wurden, waren in Wirklichkeit nicht weniger symptomatisch für ihren Rückgang. Denn die gewerkschaftlichen Kämpfe brachten nicht die wachsende Einheit der Bewegung zum Ausdruck, sondern im Gegenteil ihre Zersplitterung und die Partikularinteressen einzelner Sektionen. Es ging immer mehr um »demarcation disputes«, »differentials« und dergleichen mehr. So wurde der gewerkschaftliche Kampf außerhalb der gewerkschaftlich organisierten Reihen, in der Gesellschaft allgemein, nicht als konstruktiver Kampf einer Klasse, deren Interessen mit dem allgemeinen Interesse verbunden waren, rezipiert, sondern als destruktiver Kampf für die Partikularinteressen eines Standes. Diese Wahrnehmung führte zur zunehmenden Isolierung der militanten Gewerkschaften in der Gesellschaft.

Als Eric Hobsbawm im Jahre 1978 die Einladung erhielt, die jährliche »Marx Memorial Lecture« zu halten, machte er diesen ernüchternden und entmutigenden Aspekt der neuesten Geschichte der britischen Arbeiterbewegung zum Thema seines Vortrags. Eine gedruckte Fassung erschien dann unter dem Titel »The Forward March of Labour Halted?«.[10] Heute wird wohl kaum jemand leugnen, dass Eric Hobsbawm in diesem Vortrag die tatsächliche historische Entwicklung der sechziger und siebziger Jahre objektiv erfasst hat. Es ist ihm damit ein erstaunliches Stück Zeitgeschichte gelungen, erstaunlich, weil es sich um die Geschichte der unmittelbar vorhergehenden Dezennien handelt, in deren Auseinandersetzungen der Verfasser selbst voll und ganz involviert war. Die unmittelbare Reaktion in der Arbeiterbewegung war sehr unterschiedlich. Viele militante Gewerkschafter und deren linke Gefolgschaft lehnten die These vom aufgehaltenen Vorwärtsmarsch empört ab, was durchaus verständlich war. War doch die Vorstellung vom unaufhaltsamen Vorwärtsmarsch der sozialistischen Arbeiterbewegung durch ihr ehrwürdiges Alter tief verwurzelt; und sie ging auf keinen Geringeren als Friedrich Engels zurück. Bei ihm hatten die Wahlerfolge der deutschen Sozialdemokratischen Partei in den neunziger Jahren des 19. Jahrhunderts einen derartigen »Siegesrausch« ausgelöst,[11] dass er in seinen letzten Jahren geneigt war, dem unaufhaltsamen Wachstum der sozialistischen Arbeiterbewegung die Notwendigkeit eines Naturprozesses zuzuschreiben.[12] Diese heilige Kuh hat sogar die katastrophalen Niederlagen der Arbeiterbewegung in der Epoche des Faschismus überlebt. Angesichts dieser Tradition war es nicht überraschend, dass Eric Hobsbawms These, dass der Vorwärtsmarsch der Arbeiterbewegung ins Stocken geraten war, in einigen linken und gewerkschaftlichen Kreisen auf empörte Ablehnung stieß. Es kam zu zahlreichen Widerlegungsversuchen. In diesen vernehmen wir noch ein weiteres Echo aus den neunziger Jahren des 19. Jahrhunderts. Denn nach dem Beispiel der »orthodoxen« marxistischen Gegner von Eduard Bernsteins These, dass das expandierende Großkapital die kleinen Betriebe nicht gänzlich aufrieb, wurden Hobsbawms Positionen von einigen ihrer Gegner als »Neo-Revisionismus« abgestempelt.[13]

Der breite Öffentlichkeitsgrad, den diese Kontroverse aufgrund ihrer Aktualität erreichte, darf uns nicht den Blick auf die anderen historischen Probleme verstellen, die von marxistischen Historikern intensiv, über die Zeit der Historians' Group hinaus, bearbeitet und diskutiert wurden. »Geschichte ist das Herzstück des Marximus.« Diese Aussage Eric Hobsbawms habe ich am Anfang meiner Überlegungen zitiert. Jetzt gehe ich zur Frage über: Warum ist die Geschichte das Herzstück des Marxismus? Meine etwas vereinfachte Antwort lautet: Weil Marx die zukünftige sozialistische Gesellschaftsform nicht aus vorausgesetzten moralischen Grundsätzen ableitete, sondern aus seinem Verständnis der Geschichte als Reihe verschiedener, aufeinanderfolgender Gesellschaftsformen, die zuletzt zum industriellen Kapitalismus geführt hatte, mit dem aber die Entwicklung der Gesellschaft nicht den Schlusspunkt erreicht hat. Daraus ergab sich die Vermutung, die auch zur Gewissheit werden konnte, dass die Menschen den Weg zur zukünftigen Gesellschaftsform, den Weg zum Sozialismus, am besten würden finden können, wenn sie verstehen könnten, wie sich frühere gesellschaftliche Übergänge von einer Form zur anderen vollzogen haben. Zur Erläuterung dieses Gedankens zitiere ich aus einem Brief Edward Thompsons, den er geschrieben hat, als er sich für seinen ersten akademischen Posten bewarb. Der Brief ist an den Vorsitzenden der Berufungskommission gerichtet, die um seine Mitgliedschaft in der Kommunistischen Partei wusste. Thompson wollte hier den Verdacht entkräften, er würde seine Studenten politisch beeinflussen, ohne den Anspruch aufzugeben, ihnen das für einen Marxisten Wesentliche in der historischen Materie zu vermitteln:

»Ich würde immer versuchen, eine organische Entwicklung der historischen Periode, ... also das kausale Verhältnis zwischen großen Ereignissen, herauszustreichen. Daraus würde sich zeigen, dass, während wir den Lauf der Geschichte niemals vorhersagen können, uns vielleicht doch die durch das Studium der vergangenen Geschichte gewonnen Einsichten eine gewisse Kontrolle über die Gegenwart verschaffen mögen.«[14]

Die Unterlagen für Eric Hobsbawms akademische Bewerbungen sind nicht bekannt, aber eine analoge Überlegung der eben angeführten Überlegung zu Thompson finden wir in der programmatischen Einleitung zur ersten Nummer der Zeitschrift *Past & Present*, durch die in der kältesten Phase des Kalten Krieges der Kontakt zwischen marxistischen und nicht-marxistischen Historikern aufrechterhalten werden sollte und konnte. Mit Bezug auf die Aussage eines arabischen Gelehrten aus dem 14. Jahrhundert wurde die Analyse und Erklärung der »in der Gesellschaft durch ihr Wesen selbst sich vollziehenden Veränderungen« zur Hauptaufgabe der Zeitschrift proklamiert. Diese erklärenden Analysen, hieß es hoffnungsvoll weiter, würden den Lesern »einige allgemeine Schlussfolgerungen« nahelegen, »ob wir diese nun Gesetze der historischen Entwicklung nennen oder nicht«.

Denn in der Geschichte könne das Studium der Vergangenheit logisch nicht von der Gegenwart und der Zukunft getrennt werden. Wenn wir verstehen, wie Veränderungen in der Vergangenheit stattgefunden haben, könne die Disziplin der Geschichte ein Instrument werden, das es uns ermöglicht, »zukünftigen Ereignissen mit Zuversicht entgegenzusehen«.[15] Aus der vergangenen Geschichte gewonnene Einsichten – Kontrolle über die Gegenwart (Thompson); Verständnis der Veränderungen in der Vergangenheit – Zuversicht hinsichtlich zukünftiger Ereignisse (Hobsbawm). Ich hoffe, der Gedankengang beider marxistischer Historiker kommt hier deutlich zum Ausdruck.

Aus dieser in den angeführten Zitaten recht vorsichtig formulierten Überzeugung von der politischen Bedeutung des Verständnisses vergangener gesellschaftlicher Transformationsprozesse beschäftigte sich die Historians' Group of the Communist Party in den vierziger und fünfziger Jahren besonders intensiv mit dem Übergang von der feudalen zur kapitalistischen Gesellschaft. Aus den gewonnenen Erkenntnissen würde man stichhaltige Schlussfolgerungen hinsichtlich des Weges zu einer neuen, höheren Gesellschaftsform ziehen können. Ich wage es nun zu behaupten, dass diese Überzeugung auch Teil des ideologischen Bodens ausmacht, aus dem Eric Hobsbawms Hauptwerk, die Trilogie »Zeitalter der Revolutionen«, »Zeitalter des Kapitals« und »Zeitalter des Imperialismus« entstand. Da es darum geht zu verstehen, wie gesellschaftliche Veränderungen in der Vergangenheit stattgefunden haben, ist der Bogen so breit gespannt, der Horizont weltweit; wir haben es mit Makrogeschichte, mit *l'histoire totale*, zu tun. Wenn die *histoire totale* aber auch authentisch sein soll, muss sie auf einem Fundament umfangreicher Detailkenntnis beruhen, und die besitzt Eric Hobsbawm in einem seltenen Ausmaß, um das ihn viele beneiden. Zu Recht sprechen die Herausgeber einer ihm gewidmeten Aufsatzsammlung von seiner »ganz außergewöhnlichen theoretischen Klarheit, seiner Fähigkeit zu umfassenden Verallgemeinerungen, gepaart mit einem scharfen Auge für das signifikante, viel aussagende Detail«.[16] Er selbst hat seine Methode vor nicht langer Zeit bei einer *table ronde* in Paris mit folgenden Worten beschrieben:

»Irgendwo in meinem Kopf befand sich so etwas wie ein gigantisches *jigsaw puzzle*; und im Laufe meiner Wanderungen als engagierter und neugieriger Beobachter bin ich von Zeit zu Zeit auf Stücke gestoßen, die ins Puzzle hineingepasst haben und die es mir nach einiger Reflexion ermöglicht haben, das Bild zu beleuchten.«[17]

Ich glaube, wir liegen nicht ganz falsch, wenn wir vermuten, dass die Problematik des Übergangs von einer Gesellschaftsform in eine andere einen wesentlichen Teil dieses Puzzles in Eric Hobsbawms Kopf ausmacht.

Nachdem Eric Hobsbawm also in der großen Trilogie den Sieg der bürgerlichen Ordnung über die feudale und andere traditionale Gesellschaftsordnungen analysiert und beleuchtet hatte, stellte er sich der Aufgabe, das nicht nur für marxistische Historiker, aber besonders für diese, unerwartete Scheitern der sozialistischen Herausforderung an die bürgerliche Gesellschaft zu analysieren und zu beleuchten. Für eine schlüssige Erklärung ist es sicher noch zu früh. Wie weit ihm das im »Zeitalter der Extreme«, mit dem die Trilogie zu einer Tetralogie auswuchs, gelungen ist, das muss von berufenerer Seite beurteilt werden. Nur eines kann nicht bezweifelt werden: Nach dem Studium dieser vergangenen Veränderungen werden wenige Leser sich »eine gewisse Kontrolle über die Gegenwart« verschaffen, oder »zukünftigen Ereignissen mit Zuversicht entgegensehen« können. Und das trifft nicht zuletzt auch auf den Verfasser zu. »I cannot look to the future with great optimism«, so endete Hobsbawms Gespräch mit Antonio Polito.[18]

Der Verlust unserer früheren Zuversicht soll und darf jedoch nicht zu der gänzlichen politischen Perspektivlosigkeit und Untätigkeit verleiten, durch die das gegenwärtige politische, besser gesagt unpolitische, Klima geprägt ist. Wie Eric Hobsbawm am Schluss seiner Autobiografie schreibt und seither mehrmals wiederholt hat, wir dürfen auch in ungünstigen Zeiten nicht abrüsten, denn von selbst wird die Welt nicht besser werden.[19] Dem wäre aus meiner Sicht nur noch Folgendes hinzuzufügen: Falls und wenn die Arbeiterbewegung – die ja schließlich noch existiert – es sich einmal in den Kopf setzen sollte, sich wieder auf ihren schon zu lange aufgehaltenen Vorwärtsmarsch zu begeben, wird sie gut beraten sein, sich mit dem Werk Eric Hobsbawms gründlich zu beschäftigen und von dem darin enthaltenen Rüstwerk guten Gebrauch zu machen.

Anmerkungen

1 Neue Politische Literatur, XLIX. Jahrgang (2004/1), S. 26–33.

2 Süddeutsche Zeitung, Nr. 280, 4. Dezember 2002.

3 New York Times, 24. August 2003.

4 Eric J. Hobsbawm, Franc-tireur, Paris 2005.

5 The Historians' Group of the Communist Party, in: Maurice Cornforth (Hg.), Rebels and their Causes. Essays in honour of A. L. Morton, London 1978, S. 21–47.

6 Ebenda, S. 26.

7 Eric J. Hobsbawm, The Machine Breakers, in: Past & Present, Number 1 (February 1952), S. 57–70; neu abgedruckt in: ders., Labouring Men. Studies in the History of Labour, London 1964.

8 Revue d'histoire moderne et contemporaine, tome 53–4 bis, supplément 2006, S. 13–28.

9 Eric J. Hobsbawm, Portrait de l'historien en franc-tireur, in: ebenda, S. 72–76, hier S. 74.

10 Zuerst in Marxism Today, 1978; neu abgedruckt in: The Forward March of Labour Halted?, London 1981 und in: Eric J. Hobsbawm, Politics for a Rational Left. Political Writings 1977–1988, London, S. 9–22.

11 Engels an Wilhelm Liebknecht, London, 9. März 1890, in: Karl Marx und Friedrich Engels, Werke, Band 37, Berlin 1967, S. 365.

12 Hans-Josef Steinberg, Friedrich Engels' revolutionäre Strategie nach dem Fall des Sozialistengesetzes, in: Hans Pelger (Hg.), Friedrich Engels 1820–1970 (= Schriftenreihe des Forschungsinstituts der Friedrich-Ebert-Stiftung 85), Hannover 1971, S. 115–129, hier S. 116 f.

13 Sogar unter anderen von Ralph Miliband, The New Revisionism in Britain, in: New Left Review 150 (March–April 1985).

14 Edward Thompson an Frank Jacques, 28. April 1948, zit. nach Tom Steele, The Emergence of Cultural Studies 1945–65. Cultural Politics, Adult Education and the English Question, London, S. 150.

15 Introduction, in: Past & Present, Number 1 (February 1952), S. i–iv.

16 Raphael Samuel und Gareth Stedman Jones (Hg.), Culture, Ideology and Politics. Essays for Eric Hobsbawm, London 1982, Preface, S. x.

17 Eric J. Hobsbawm, Portrait de l'historien en franc-tireur, in: Re-

vue d'histoire moderne et contemporaine, tome 53–4 bis, sup-plément 2006, S. 72–76, hier S. 72 f.

18 Eric J. Hobsbawm, The New Century. Conversation with Anto-nio Polito, London 2000, S. 167.

19 Eric J. Hobsbawm, Interesting Times. A Twentieth-Century Life, London 2002, S. 418.

Gerhard Botz

Autobiografische Erfahrung und Geschichtswissenschaft Eric Hobsbawms

Eric Hobsbawm hat die Geschichte »seines Jahrhunderts«, des »Zeitalters der Extreme« vom Ersten Weltkrieg bis etwa 1990, in drei Teilepochen gegliedert, in das »Katastrophenzeitalter« der Weltkriege, Wirtschaftskrisen, Diktaturen und Genozide bis etwa 1945, in das »Goldene Zeitalter« eines einzigartigen wirtschaftlichen Aufstiegs (in der nördlichen Hemisphäre), demokratischer und kultureller Erneuerung mit verbesserten Lebenschancen und einer Bändigung der entstandenen Atomkriegsgefahr bis in die frühen siebziger Jahre und in eine – pessimistisch gesehen – Periode der neuerlichen globalen Stagnation und des Rückschlags, der Bevölkerungsexplosion, der Umweltproblematik und des »Tods der Avantgarde«, kulminierend in Neoliberalismus und Kollaps des kommunistischen Sozialismus als Staatensystem wie als Gesellschaftsutopie schon vor dem Ende des »kurzen 20. Jahrhunderts«.

Sein Lebenswerk übergreift die dazwischenliegenden epochalen Wasserscheiden, wenn man von der für ihn über den größten Teil seines erwachsenen Lebens bestimmend gewordenen Russischen Revolution absieht; die Brüche von 1938–1945, 1973 (»Ölschock«) und 1989/90 haben ihn als politischen Menschen und aktiven Historiker begleitet. Ohne dass ein kurzschlüssiger Kausalnexus oder auch nur eine vereinfachte Parallelisierung hergestellt werden soll, kann man doch sagen, dass sich damit sein historiografisches Werk nach seiner formativen marxistisch-kommunistischen Phase im Umfeld des Zweiten Weltkriegs und des Kampfes gegen Faschismus und Nationalsozialismus, worauf der Beitrag von Ernst Wangermann eingegangen ist, auch über mindestens zwei sogenannte »turns«, Wenden der dominanten (geschichts)wissenschaftlichen Paradigmata, erstreckt.

Bedeutete die Erfahrung von faschistischen Diktaturen und nationalsozialistischer Hegemonie über weite Teile Europas eine langfristig wirksame Erosion des alten historistischen Paradigmas in der Historiografie (vor allem Deutschlands und einer Reihe davon beeinflusster Länder),[1] so erhöhte sie auch in west- und südeuropäischen Staaten die (mittelfristige) Attraktivität des Marxismus (in direkter oder indirekter Abhängigkeit von seinem sowjetischen Bezugspunkt). Der szientistische Anspruch der vielerorts entstehenden marxistischen Geschichtsschreibung, die dennoch außerhalb der kommunistischen Länder ein relatives Minderheitenprogramm blieb, deckte sich allerdings auch mit einer ähnlichen Grundströmung, die mit der von den USA ausgehenden Expansion der modernen Sozialwissenschaften, deren Methoden und Theorieorientierung seit den fünfziger Jahren auf das westliche Europa überzugreifen (beziehungsweise zurückzukehren) begann. Ökonomie, dann Soziologie und Politologie wurden Leitwissenschaften für einen ganzen Fächer von neuen struktur- und prozessgeschichtlichen Ansätzen, die sich unter das Dach von »Sozialgeschichte« einordnen ließen und deren Spektrum von der »Schule« der *Annales*, der historischen Demografie und der amerikanischen Kliometrik etwa bis zur britischen »marxistischen« Sozialgeschichte, der Hobsbawm zuzurechen ist,[2] der deutschen politischen Sozialgeschichte und der Historischen Sozialwissenschaft reichte.[3] Neben ihrem oft linkskritischen Engagement und ihrer Verpflichtung zur Geschichtsaufklärung waren ihnen mehr oder weniger modernisierungstheoretische und makrohistorische Orientierungen eigen. Schlüsselworte wie »Klasse«, »Struktur« und vor allem »Modernisierung«, die paradigmatisch für dieses Wissenschaftsverständnis stehen können, standen hoch im Kurs und erlebten – besonders der letztgenannte Begriff – Anfang der siebziger Jahre in der gesamten westlichen Human- und Sozialwissenschaft ihren Kulminationspunkt, wie der Genfer Historiker Christoph Conrad in einer quantitativen Untersuchung der »Wenden« nachgewiesen hat.[4]

Während sich diese »sozialgeschichtliche« Konjunktur etwa in der Bundesrepublik Deutschland erst ihrem Höhepunkt näherte, zeichneten sich, von USA und Frankreich ausgehend,[5] ein kulturgeschichtlicher Perspektivenwechsel und die Ausstrahlungen eines »linguistic turn«[6] ab. Anthropologie, die Sprach- und Kulturwissenschaften, Subjektivität, Lebensgeschichte, Erfahrung und Narrativität begannen in der Geschichtswissenschaft, teils als Gegenreaktion auf Überzeichnungen des vorausge-

henden Paradigmas, teils im Zusammenhang mit einer
sich verändernden Wissenschaftspolitik und -organisati-
on attraktiv zu werden und jüngere Historiker und (in
nunmehr zunehmendem Maße auch) Historikerinnen in
ihren Bann zu ziehen. Während die Suche nach »historischer Realität«, faktenorientierte Analysen und groß-
flächige Darstellungen in Verruf kamen, traten Viel-
schichtigkeit der Lesbarkeit von Quellen, Textualität und
ästhetische Dimensionen in den Vordergrund; der Post-
strukturalismus und die »Postmoderne« stellten überhaupt Geschichtswissenschaft mit ihrem Vergangenheits-
bezug in Frage. Dementsprechend erfuhren seit den
achtziger Jahren in der internationalen kultur- und sozi-
alwissenschaftlichen Publikationstätigkeit Schlüsselworte wie »Identität«, »Gender«, »Generation« und »Moderne« einen progressiven Anstieg, der erst nach dem
Jahr 2000 abflachte, jedoch im Allgemeinen noch nicht
zum Stillstand gekommen ist; das Modewort »Postmoderne« dagegen, das einen vergleichbaren Aufschwung
genommen hatte, begann nach der Jahrhundertwende bereits wieder zu schwinden.[7]

Was haben nun diese Konjunkturen und »Wenden«
mit Eric Hobsbawm zu tun? Zunächst: Hobsbawm wurde mit seinem Œuvre einer der international einfluss-
reichsten Gestalter und Wortführer des sozialgeschicht-
lich-sozialwissenschaftlichen Paradigmas, und er ist einer
der prominentesten und überlegtesten Kritiker einer »cul-
turally turned« Geschichte seit der Trendwende Mitte der
achtziger Jahre. Wenn man bedenkt, dass die »Halbwerts-

zeit« geschichtswissenschaftlicher Arbeiten üblicherwei-
se zehn bis fünfzehn Jahre beträgt, wie der deutsche Historiker Hans Mommsen einmal geschätzt hat, und wenn
man sich vergegenwärtigt, dass Wissenschaftsstil und
Begrifflichkeit Hobsbawms durch die skizzierte kulturgeschichtliche Wende abgewertet worden sein müssten,
dann ist ein weiterer Befund Christoph Conrads umso
erstaunlicher: die Zitierhäufigkeit Hobsbawms in der
wissenschaftlichen Welt erlebte seit den sechziger Jahren einen zwar stufenweisen, aber stetigen Aufwärtstrend,
der auch im Jahr des allgemeinen Wendepunkts von
»Struktur« zu »Kultur« Mitte der achtziger Jahre – im
Gegensatz zu anderen Klassikern der modernen Gesellschaftsgeschichte wie Hans-Ulrich Wehler oder Fernand
Braudel, die allerdings weniger in den angelsächsischen
Geschichtskulturen verbreitet sind – keineswegs gebro-
chen wurde.[8] Diese andauernde fachwissenschaftliche
und breitenwirksame Wertschätzung Eric Hobsbawms,
die sich zu einem hohen Maße auch seiner inzwischen
in zahlreiche andere Sprachen übersetzten Weltgeschichte des 20. Jahrhunderts verdankt, überrascht umso mehr,
wenn man bedenkt, dass deren Autor aus seiner offenen
und heterodoxen, seit seinen Lehrjahren in Cambridge
modifizierten, aber ungebrochenen Orientierung an einer marxistischen Geschichtsauffassung kein Hehl macht
und auch die welthistorische Rolle der Sowjetunion und
des Kommunismus, bei all deren diktatorischen und mas-
senmörderischen Begleiterscheinungen (oder Konsequenzen) nicht nur durch eine negative Brille sieht. So bewer-

tet Hobsbawm den Sowjetkommunismus bei aller Kritik als entscheidenden Bündnispartner der westlichen Demokratien im Kampf gegen den Nationalsozialismus auch positiv und schreibt der (keineswegs ungefährlichen) Systemkonkurrenz nach 1945 eine bedeutende Stärkung der sozialpolitischen Reformpolitiken im westlichen Kapitalismus zu.[9] Seine (reform)kommunistische Färbung hätte eher für Hobsbawm – jedenfalls außerhalb der Länder der »Dritten Welt«, in denen sich sein Ruf weiterhin verbreitet – ein Hindernis sein müssen, wenn man weiß, wie heftig gegen eine französische Übersetzung seiner Weltgeschichte Mitte der neunziger Jahre in Paris lobbyiert wurde.[10] Und nicht einmal ins Russische wurde eines seiner Bücher übersetzt, solange es die Sowjetunion gab, obwohl seine KP-Mitgliedschaft bekannt war.[11]

Warum also ist das so? Sicher, Eric Hobsbawm verfügt über hervorragende stilistische Fähigkeiten, die es ihm ermöglichen, die unglaubliche Breite seines historischen Wissens über unterschiedlichste Themen, Aspekte und Regionen über Europa hinaus in einer überzeugenden Synthese empiriereich, analytisch und theoriegeleitet – ohne akademisch trocken zu sein – darzustellen. Aber auch andere Meister ihres Metiers sind brillante Schreiber von Geschichte und finden dennoch keine ebenso dauerhafte Leser- und Rezipientenschaft.

Ich meine, ein Geheimnis des wendenüberdauernden Erfolgs der Historiografie Hobsbawms ist, dass er in seinem »sozialgeschichtlichen« Wissenschaftsstil bereits konstitutive Elemente des kulturgeschichtlichen Paradigmas integriert beziehungsweise vorweggenommen hat: das Moment der autobiografischen Erfahrung und des Bekenntnisses zu seiner generationellen Prägung. So zieht sich durch sein gesamtes Werk von dessen Anfängen bis heute ein Oszillieren zwischen einem eher das Individuum und die kleine Gruppe oder Organisation in den Blick Nehmen einerseits und großen theorieorientierten Überblicken und Gesamtdarstellungen andererseits hindurch: Seine frühen »Sozialrebellen« (englisch erstmals 1959) kontrastieren mit seiner großen Trilogie über die Geschichte des revolutionären, kapitalistischen und imperialistischen 19. Jahrhunderts (erschienen 1962, 1975 beziehungsweise 1987), seine »Labouring Men« (1964) mit »Industry and Empire« (1968), sein »Age of Extremes« (1994) mit den »Uncommon People« (1998).[12] Zunehmend auch hat er die Erzählung eigener Erfahrung mit übergreifenden Strukturanalysen verbunden, wie in den letztgenannten Büchern und schließlich in seiner Autobiografie (2002);[13] diese kann geradezu auch als ein Ergänzungsband zu seinem »Zeitalter der Extreme« gelesen werden.

Dieser Zug zum Marginalen, scheinbar Unbedeutenden und Einzelnen wird schon in seiner ungemein anregenden Sammlung von Studien über süditalienische Sozialbanditen, die Camorra, toskanische Chiliasten und andalusische Anarchisten deutlich. Er konstituiert sie sozusagen als Subjekte der neuen Sozialhistoriografie, indem er sie nicht »als Randerscheinungen oder unwichtig wegerklären« lässt, »obgleich ältere Historiker oft

[…] aus rationalistischen oder ›modernistischen‹ Vorurteilen heraus« dies getan haben; oder weil, wie er schreibt, solche Historiker, wenn sie der Linken zuneigten, sich am Charakter dieser Bewegungen stießen, der »zweideutig oder sogar ausgesprochen ›konservativ‹ ist«. Von der bis in die sechziger Jahre dominierenden Geschichtsschreibung wurden diese »kleinen Leute«, die auch in Europa mittelalterliche Mentalitäten und Lebensstile bis ins 20. Jahrhundert perpetuierten, einfach »übersehen«, weil bis dahin »die Historiker, als zumeist gebildete Stadtbewohner, sich, bis vor kurzem jedenfalls, einfach nicht genug Mühe gaben, Leute zu verstehen, die anders sind als sie selbst.«[14]

Auch weiterhin machte er sich, von Gramsci beeinflusst, geradezu zum Advokaten der vorindustriellen und bäuerlichen Unterschichten, der Maschinenstürmer und Randgruppen der Arbeiterbewegung, zum wissenschaftlichen (und politischen) Fürsprecher von Wanderhandwerkern, Schurken oder kleinen Schustern. Überhaupt pflog Hobsbawm immer auch das historiografische Genre der Biografie, sei es in essayartigen Aufsätzen über einen Kämpfer für die Menschenrechte und gegen die Sklaverei wie Thomas Paine oder Größen der »illegitimen«, nichtsdestoweniger auch unter den jungen Europäern Furore machenden Musik eines Count Basie und Duke Ellington oder einer Billie Holiday.[15] Damit antizipierte er unbewusst die Personalisierung und Veranschaulichung der Geschichtsdarstellungen, die heute in den Massenmedien dominieren, nie jedoch ließ er dabei die strukturalen Dimensionen beiseite. Aber auch im »kurzen Augenblick des Konflikts« könne man, so Hobsbawm, manchmal die »großen Transformationen der Gesellschaft«, wie sie sich in Revolutionen ereignen, erkennen: »Es gibt Dinge an der Russischen Revolution, die sich nur dadurch erschließen, daß man sich auf die Zeitspanne vom März bis zum November [1917] oder den anschließenden Bürgerkrieg konzentriert.«[16] Das Große spiegelt sich im Kleinen und umgekehrt, so könnte man ein Prinzip der Geschichtsschreibung und des Erfolgs Hobsbawms formulieren.

Ein anderes historiografisches Grundprinzip Eric Hobsbawms erkenne ich in dem, was Norbert Elias für die Naturwissenschaften wissenssoziologisch die Kombination von »Engagement und Distanzierung« genannt hat: »Die kurzfristigen Probleme persönlicher oder sozialer Art geben […] den Anstoß zur Untersuchung von Problemen einer anderen Art, von wissenschaftlichen Problemen, die nicht mehr in direkter Beziehung zu bestimmten Personen oder Gruppen stehen.«[17] Die für »engagiertes Denken charakteristische Frage ›Was bedeutet es für mich oder für uns?‹« stehe am Beginn jeder Arbeit von Wissenschaftlern, bedürfe aber einer Disziplinierung eines bestimmten Niveaus: dieses »wird mit Hilfe einer hochorganisierten Ausbildung ständig erneuert und durch verschiedene Arten sozialer Kontrollen und sozial gezüchteter Affektkontrollen aufrechterhalten. Kurzum, es findet seinen Ausdruck sowohl in den begrifflichen Werkzeugen und den Grundannahmen von

Wissenschaftlern wie in ihren Sprech- und Denkgewohnheiten und in ihren Verfahrensweisen.«[18]

Analog dazu schreibt Hobsbawm »über Parteilichkeit« in den (Sozial)Wissenschaften. Sie sei unvermeidlich, doch: »Das Kriterium für den Nutzen einer Parteilichkeit muß sein, daß sie den Fortschritt der Wissenschaft befördert. Das ist und war möglich, soweit sie einen Anreiz schafft, um von außen die Konzepte in der wissenschaftlichen Debatte zu ändern, einen Mechanismus zur Einführung neuer Themen, neuer Fragestellungen und neuer Methoden für Antworten (›Paradigmen‹, um den von Kuhn geprägten Begriff zu verwenden)« bereitzustellen.[19] Dies könne von interdisziplinären Kontakten, von der Politik und von der Weltanschauung, wie ich ergänzen möchte, ausgehen, aber auch durch ein Reisen mit offenen Augen in unbekannten Ländern, ein Aufsuchen fremder Sozialmilieus oder durch ein unvoreingenommenes Zuhören in Gesprächen mit Fremden oder Freunden geschehen, wie Hobsbawm immer wieder in seinen autobiografisch-memoirenartigen »Gefährlichen Zeiten« andeutet.

Es ist klar, dass Hobsbawm früh gelernt hat, sein Engagement, aus dem er seine Problemsicht (und wohl auch seine unnachgiebe Motivation) bezog, mit dem ganzen Instrumentarium seiner (wirtschafts)historischen Ausbildung zu disziplinieren und immer weiter zu entwickeln. Es könnte reizvoll sein, zu untersuchen, ob und inwiefern nicht gerade auch sein (bald reformistischer) Marxismus als ein solches disziplinierendes Instrument bei ihm wissenschaftlich positiv gewirkt und ihm gerade keine dogmatischen Fesseln angelegt hat, anders als das bei nicht wenigen seiner politischen und wissenschaftlichen Weggenossen geschehen ist.

Abschließend sei die Frage nach dem generationellen Kontext der Geschichtswissenschaft Eric Hobsbawms gestellt. Was brachte ihn dazu, die richtigen historischen Fragen zu stellen und ausdauernd zu verfolgen? Er selbst stellt in seiner Autobiografie fest, dass er »schon in so jungen Jahren und so lange Zeit von jener für das 20. Jahrhundert typischen Leidenschaft des politischen Engagements ergriffen wurde«, und fragt sich, »wie weit deren Wurzeln in eine Kindheit der zwanziger Jahre in Wien zurückreichen«.[20] Politisch scheint dies das kulturelle Umfeld der Sozialdemokratie gewesen zu sein. Eine Formierung durch ein jüdisches »liberales Bürgertum«[21] weist er, der sich nicht als »Diaspora-Wiener« sieht, ebenso entschieden zurück, wie es der Kunsthistoriker Ernst Gombrich getan hat,[22] und dennoch spricht seine dichte Erzählung von seiner Jugend in einer multinationalen englisch-österreichisch-jüdischen Familie in Wien dafür, dass hievon etwas geblieben sein muss.

Mit Sicherheit hatten dann die Berliner Jahre (1931–1933) in kommunistischen Jugendorganisationen und die zunehmende Konfrontation mit den auf dem Weg zur Macht befindlichen Nationalsozialisten auf seine politische Sozialisation bestimmenden Einfluss, wie er schreibt. Dabei scheint sowohl die stalinistische Dogmatik als auch das erotische »Gefühl einer Massenekstase«

anziehend gewesen zu sein, das sich bei Demonstrationen einstellte. Unvergesslich blieben ihm das »Marschieren, Skandieren von Slogans, Singen […], wodurch das Aufgehen des Individuums in der Masse, das eigentliche Wesen der kollektiven Erfahrung, seinen Ausdruck« finde, eine prägende Erfahrung, wie sie auch Elias Canetti 1927 beim Justizpalastbrand in Wien erlebt und in »Masse und Macht« beschrieben hat.[23] Der Antifaschismus in England, wo er seit 1933 lebte, die Solidarität mit der republikanischen Seite im Spanischen Bürgerkrieg, nicht die Teilnahme an diesem selbst, wenn man von einer nur wenigen Stunden dauernden skurrilen Episode in den Pyrenäen (in Puigcerdà) absieht, müssen ihn ebenfalls dauerhaft geprägt oder – richtiger – für politische Zufälle und Entscheidungen offen gemacht haben. Da sich Hobsbawm einer solchen, mit dem Geruch des Determinismus behafteten Frage verweigern würde und sich eine weitere Verfolgung seiner wissenschaftlichen Formierung seit dem Zweiten Weltkrieg hier erübrigt, sei die Frage umgekehrt: Wer waren die, die Hobsbawm vor allem beeinflusste?

Zweifelsohne waren dies vor allem junge Linke und Studenten im Vor- und Umfeld der Studentenrevolte von 1968, für die Hobsbawm allerdings wenig Verständnis empfand; sie schickten sich unter dem aufkommenden neuen, attraktiven sozialgeschichtlichen Paradigma an, den Beruf des Historikers zu ergreifen. In England, aber auch im übrigen westlichen Europa begann man neben und innerhalb der neomarxistischen Studentenkreise

Hobsbawm zu lesen (und misszuverstehen), seine Sozialrebellen, seine Wirtschaftsgeschichte der Industriellen Revolution, seine Revolutionsgeschichte, seine Arbeitergeschichten zu studieren. Auch bei der Überreichung der Ehrenbürgerurkunde der Stadt Wien am 21. Januar 2008 ist es herausgekommen: nicht nur der Spiritus Rector dieser (und der anderen) Wiener Vorlesung(en), Hubert Christian Ehalt, sondern auch Bürgermeister Michael Häupl[24] haben an diesem »Obstbaum« gerüttelt und von den Früchten gegessen, die heruntergefallen sind. Auch ich gestehe, davon gekostet zu haben.

Manche von diesen neuen, kritischen (längst nicht mehr »marxistoiden«) Sozialhistorikern sind dann wohl nicht zufällig auch »Wehler-eidig« und »Kocka-süchtig« geworden, wie vor Jahren ein Linzer Historiker über einen meiner Salzburger Kollegen gesagt hat. Vielleicht wird man in der Rückschau einmal sogar sagen können, dass eine spezifische Historikergeneration im Begriffe war, sich in Anlehnung an Eric Hobsbawm zu konstruieren, sozusagen als eine »Generation Hobsbawm«.

Denn es gibt weltweit heute wenige Historiker, die zu so vielen Themen und über so weite Räume so dichte Synthesen geschrieben haben wie Eric Hobsbawm, in einer Zeit, in der man meint, die Spezialisierung sei ein unentrinnbares Los der Wissenschaftlichkeit. Hobsbawm hat diese Ausrede eindrucksvoll widerlegt. Seine Arbeiten zeigen aber auch, dass der Geist der Aufklärung und des politischen Engagements – gegen alle »postmoderne« Skepsis – nicht passé ist, sondern eine Aufgabe auch im 21. Jahrhundert erfüllen kann, in einer Epoche, die – wie mir vorkommt – Hobsbawm in manchem als eine Wiederholung des langen 19. Jahrhunderts erscheint; offen bleibt dabei nur, ob dieses eine Farce oder noch größere Katastrophen als das »kurze 20. Jahrhundert« bringen wird. Auf jeden Fall: Eric Hobsbawm bleibt als Historiker, was man auf Englisch nur *outstanding* nennen kann, und ein außergewöhnlicher Mensch.

Anmerkungen

1 Vgl. Georg G. Iggers: Geschichtswissenschaft im 20. Jahrhundert, Göttingen 1993, S. 26 ff.

2 Eric Hobsbawm: Von der Sozialgeschichte zur Gesellschaftsgeschichte, in: ders.: Wieviel Geschichte braucht die Zukunft, München/Wien 1998, S. 100–127.

3 Vgl. Hans-Ulrich Wehler: Literarische Erzählung oder kritische Analyse? Ein Duell in der gegenwärtigen Geschichtswissenschaft, Wien 2007, S. 26 ff.

4 Christoph Conrad: Die Dynamik der Wenden. Von der neuen Sozialgeschichte zum cultural turn, in: Jürgen Osterhammel, Dieter Langewiesche und Paul Nolte (Hg.): Wege der Gesellschaftsgeschichte, Göttingen 2006 (Geschichte und Gesellschaft, Sonderheft 22), S. 133–160, hier S. 142 ff.

5 Etwa Clifford Geertz: Dichte Beschreibung. Beiträge zum Verstehen kultureller Systeme, Frankfurt am Main 1983, S. 7–43; Michel Foucault: Überwachen und Strafen. Die Geburt des Gefängnisses, Frankfurt am Main 1994.

6 Vgl. Hayden White: Auch Klio dichtet oder Die Fiktion des Faktischen. Studien zur Tropologie des historischen Diskurses, Stuttgart 1986.

7 Conrad, Dynamik, S. 142 ff.

8 Ebenda, S. 147.

9 Eric Hobsbawm: Das Zeitalter der Extreme. Weltgeschichte des 20. Jahrhunderts, München 1995, S. 22 f.

10 Dies erzählte mir Clemens Heller einmal empört bei einem Auf-

enthalt in Paris; siehe auch Pierre Nora: Traduire: nécessité et difficultés, in: le débat, Nr. 93 (Jan./Feb. 1997), S. 93–95.

11 Die Verteidigung der Geschichte. Ein Gespräch zwischen Richard Evans, Eric Hobsbawm und Albert Müller, in: Österreichische Zeitschrift für Geschichtswissenschaften, 9. Jg., H. 1 (1998), S. 108–123, hier S. 122.

12 Deutsch: Ungewöhnliche Menschen. Über Widerstand, Rebellion und Jazz, München 2001 (hier auch einen Teil der Einzelstudien aus »Labouring Men. Studies in the History of Labour«, London 1964, abdruckend).

13 Deutsch: Gefährliche Zeiten. Ein Leben im 20. Jahrhundert, München 2003.

14 Eric J. Hobsbawm: Sozialrebellen. Archaische Sozialbewegungen im 19. und 20. Jahrhundert, Neuwied am Rhein 1962, S. 14.

15 In: Hobsbawm, Ungewöhnliche Menschen.

16 Hobsbawm: Wieviel Geschichte, S. 123.

17 Norbert Elias: Engagement in Distanzierung. Arbeiten zur Wissenssoziologie I, Frankfurt am Main 1987, S. 13.

18 Ebenda, S. 15.

19 Hobsbawm, Wieviel Geschichte, S. 181.

20 Hobsbawm, Gefährliche Zeiten, S. 28 f.

21 Vgl. Steven Beller: Wien und die Juden. 1867–1938, Wien 1993.

22 Ernst Gombrich: »Niemand hat je gefragt, wer jetzt gerade ein Jude oder ein Nichtjude war.« Ein Interview von Hermine Koebl, in: Gerhard Botz u.a. (Hg.): Eine zerstörte Kultur. Jüdisches Leben und Antisemitismus in Wien seit dem 19. Jahrhundert, 2. Aufl., Wien 2002, S. 85–96.

23 Hobsbawm, Gefährliche Zeiten, S. 95.

24 Hohe Auszeichnung für Historiker Eric J. Hobsbawm: (22.2.2008): http://www.ots.at/presseaussendung.php?schluessel=OTS_2008 0121_OTS0225

Eric J. Hobsbawm

Geschichtswissenschaft:
Impulse für Menschen, nicht nur Fußnoten

Ich möchte Ihnen Dank aussprechen, dass so viele von Ihnen hierher gekommen sind. Ich möchte besonders Christian Ehalt und der Stadt Wien Dank dafür aussprechen, dass sie diese Wiener Vorlesung organisiert haben. Und ich möchte ganz besonders meinen Freunden und Kollegen Dank dafür aussprechen, dass sie sich die Mühe gemacht haben, hierher zu kommen – im Falle von Jürgen Kocka aus Berlin auf kurze Zeit, im Falle von Ernst Wangermann aus Salzburg. Das ist alles eine ernste Sache für mich, das ehrt mich, und auch wenn Sie nichts gesagt hätten, wäre das schon eine Ehre gewesen. Was bleibt mir noch übrig als Schlusswort? Ja, bloß zwei kurze Kommentare: Erstens: Glauben Sie nicht alles, was bei Ehrenabenden gesagt wird. Manches ist sicher richtig, anderes ist doch wohl etwas übertrieben. Zweitens: Als Historiker war ich nicht nur jemand, der Bücher geschrieben hat, sondern auch fünfzig Jahre lang Lehrer, und eine ganze Anzahl meiner Bücher ging aus meinen Vorlesungen an die Studenten und aus meiner Lehrtätigkeit hervor. Und die Tatsache, dass Historiker nicht nur Bücherschreiber sind, sondern auch eine jugendliche Generation herausbilden wollen, ist wichtig und ganz besonders wichtig für Leute wie mich, die glauben, dass die Geschichte zu wichtig ist als dass man sie nur den Seminaren und den Fußnoten überlassen dürfte.

Wenn ich auch als Neunzigjähriger nicht mit der Arbeit aufgehört habe, so muss ich doch annehmen, dass mein Werk mehr oder weniger komplett ist. Ich frage mich also: Was wollte ich in meinem Lebenslauf als Historiker erreichen? Was habe ich tatsächlich geleistet? Ich will kurz versuchen, diese Fragen so ehrlich wie möglich zu beantworten.

Das ist aber nicht leicht. Ich wurde zum Historiker, als mir mein Lehrer in einem Berliner Gymnasium erklärte, bis ich das Kommunistische Manifest gelesen hätte, könnte ich mir bei aller Begeisterung nicht leisten, über Kommunismus zu reden. Die emanzipatorische Seite dieses schönen großen Buches habe ich nie vergessen, aber auch die geschichtliche Seite nicht. Im Grunde beschäftigen mich seit damals die riesigen Probleme, welche die materialistische Geschichtsauffassung aufwirft, genauer die Entwicklung des Kapitalismus, wo er herkommt, wo er hinführt, aber ganz besonders seit meiner Schulzeit die Beziehungen zwischen Wissenschaft, Technologie, politischer Macht und Kultur im Leben der Menschen in der Gesellschaft. Aber angehende Berufshistoriker können mit diesen Riesenfragen wenig anfangen. Sie müssen sich begrenzte Ziele stecken. Dazu kommt, dass ich psychologisch ein unsystematischer, ein intuitiver, ein spontaner, ja der Planung abgeneigter Historiker bin. Sogar meine groß angelegten Synthesen des 19. und 20. Jahrhunderts sind im Grunde ungeplant entstanden und haben sich irgendwie entwickelt. Ich habe bestenfalls die Gelegenheiten wahrgenommen, sowohl in der Forschung wie auch in der Publikation habe ich mich seit Anfang meiner Karriere vom Strom eines durch Zufall und durch äußere Anstöße gestalteten Lebens tragen lassen und gelegentlich die Gelegenheit wahrgenommen, die sich bot.

Tatsächlich war meine Ausbildung als Historiker eine Kette von Zufällen. Der Kriegsdienst und meine erste Ehe machten mein ursprüngliches Doktorprojekt unmöglich, nämlich eine Dissertation über die Agrarprobleme in Nordafrika. Auf der Suche nach einem Nachkriegsthema, das ich während des Krieges in England vorbereiten konnte, stieß ich auf die Fabian Society vor 1914, ein kleiner Kreis von manchmal sehr begabten linken Intellektuellen – man denke an Bernard Shaw und H.G. Wells –, die vorgaben, bei der Gründung der britischen Labour Party eine Hauptrolle gespielt zu haben. Es wurde mir bald klar, dass nicht viel aus diesem Thema herauszuholen war, obwohl es mir doch am Ende ein Doktorat lieferte und mich in das wunderbare Zeitalter von 1870 bis 1914 einführte, das ich später auch bearbeitet habe. Doch im Lauf meiner enttäuschenden Arbeit an den Fabiern entdeckte ich eine historische Schatzkammer in der Bibliothek der London School of Economics and Political Science, nämlich die sogenannte Webb Collection, das Material, welches Sidney und Beatrice Webb gegen Ende des 19. Jahrhunderts für ihre Arbeiten über die Gewerkschaften gesammelt hatten. Als Kommunist war ich natürlich an der Arbeitergeschichte interessiert, aber deren traditionelle Form als Geschichte der Parteien und Organisationen und Erzählung der großen Arbeiterkämpfe lockte mich nicht besonders. Aber die Arbeit der Webbs, und ganz besonders ihr »Industrial Democracy« (1897) öffneten die Tür zu einer strukturellen, problemorientierten Geschichte der Arbeiter. Und ich versuchte mich an einer solchen Geschichte mithilfe des reichen Materials über die tatsächliche Praxis der englischen Gewerkschaften im 19. Jahrhundert. Und das führte mich auch logisch auf das Gebiet der sogenannten *history from below*, der Geschichte in der Perspektive der Armen und Machtlosen, die mich schon immer fesselte. Ich wurde also zum Arbeiterhistoriker und veröffentlichte auf diesem Gebiet meine Studien »Labouring Men« (1964) und zwanzig Jahre später die mehr kulturgeschichtlich orientierten »Worlds of Labour«, und natürlich auch, mit meinem alten Freund und Genossen George Rudé, die Monografie über die Rebellion der Landarbeiter im Jahr 1830, »Captain Swing«. Ich schrieb auch ein kleines Buch über die Entwicklung der Arbeiterklasse, aber in den frühen fünfziger Jahren war das Thema politisch zu brenzlig und der Verleger lehnte das Manuskript trotz Vertrag als »nicht unparteiisch« ab. Es wurde nichts daraus.

Mein erstes Buch »Sozialrebellen« kam durch Zufall zustande. Im Lauf der fünfziger Jahre war ich auf meinen Reisen in Italien und Spanien auf eigenartige Fälle gestoßen; ich entdeckte dort Phänomene, die mich eigenartig anmuteten, in denen die moderne Politik, die modernen Revolten irgendwie ins Mittelalterliche eingebettet schienen, besonders bei Bauernbewegungen. Ich entdeckte auch die Schriften Gramscis zur Frage der sogenannten »subalternen Klassen«. Zu dieser Zeit versuchten die englischen Sozialanthropologen, sich mit analogen Problemen in kolonialen Befreiungsbewegungen auseinanderzusetzen, und man fragte mich als Historiker, ob es in der europäischen Geschichte ähnliche Bewegungen gegeben hätte wie etwa den Mau-Mau-Aufstand der Kikuyu in Afrika. Aus einer solchen Diskussion entstand eine Einladung zu einer Reihe von Kolloquien an der anthropologischen Fakultät der Universität Manchester und danach der Vorschlag, »da ließe sich doch ein Buch daraus machen«, zusammen mit einem Vertrag der Manchester University Press.

Ich schrieb also die »Sozialrebellen«, die auch außerhalb Großbritanniens bekannt wurden, besonders in den USA und in der Dritten Welt, und zwar nicht nur unter den Akademikern – Historikern, Soziologen –, sondern auch unter den Studenten und den Jugendlichen.

Noch ein Zufall führte mich auf den Weg zur historischen Synthese, nämlich meine vierbändige Geschichte des 19. und 20. Jahrhunderts. Der Historiker, der über Europa von 1789 bis 1848 in einer neuen vierbändigen transnationalen Weltgeschichte schreiben sollte, war plötzlich ausgefallen, und die etwas entspanntere Lage nach dem Koreakrieg ermutigte den Verleger George Weidenfeld, mich zu bitten, diese Lücke zu stopfen. Ich verwandelte also ziemlich schnell meine Kurse über europäische Geschichte in ein Buch, »Die Europäischen Revolutionen«. Das Buch kam ganz gut an. Das Gleiche passierte zehn Jahre und vier Bücher später, als der Verfasser des folgenden Bandes auch nicht weitermachen wollte. Während ich also »Die Blütezeit des Kapitals« schrieb, wurde mir plötzlich klar, dass ich mich auf eine große analytische Synthese der Geschichte des 19. Jahrhunderts eingelassen hatte. Das führte logisch ein paar Jahre später zum ersten eigentlich bewusst geplanten Band (»Das imperiale Zeitalter«). Es schien sowohl mir wie meinem Agenten logisch, die Geschichte nicht anno 1914 stehen zu lassen, und so kam es zum Zeitalter der Extreme, dem sogenannten »kurzen 20. Jahrhundert«.

Wie kann man mein Werk als Historiker beurteilen? Meines Erachtens nach ist hier die kollektive Dimension wichtiger als die persönliche. Ich habe das Glück, zu einer weltweiten Generation von Historikern zu gehören, die zwischen den dreißiger Jahren und der historiografischen Wende der siebziger Jahre des vergangenen Jahrhunderts die Geschichtsschreibung gänzlich revolutionierten, und zwar hauptsächlich durch neue Verbindungen zwischen der Geschichte und den Gesellschaftswissenschaften. Es handelte sich nicht einfach um eine einzige ideologische Schule. Es handelte sich um den Kampf der historischen Moderne gegen die alte konventionelle Ranke'sche Historiografie, ob unter der Flagge der Wirtschaftsgeschichte, der französischen Soziologie und der Geografie wie bei den Annales, des Marxismus oder Max Webers. Warum in England die Marxisten eine so bedeutende Rolle spielten, ist noch nicht ganz geklärt, aber der Beitrag und der Einfluss der von Marxisten gegründeten Zeitschrift *Past & Present* lief parallel mit dem der französischen *Annales* und der Bielefelder *Deutschen Gesellschaftsgeschichte*. Alle betrachteten einander als Verbündete. Und mein historischer Werdegang geht eben durch diese Kollektive: durch die Economic History Society meines alten Lehrers Mounia Postan, durch die kommunistische Historikergruppe auch als Mitgründer von *Past & Present* und auch schon ab 1950 als Mitglied der Sektion Sozialgeschichte des internationalen Komitees für historische Wissenschaften, damals auf französische Annales-Initiative gegründet. Mein Werk als Historiker wurzelt in diesen Kollektiven der Genossen, Kollegen und Freunde. Und mein Beitrag zum Beispiel zum Aufstieg und der Popularisierung der sogenannten Sozial- oder Gesellschaftsgeschichte ist aus diesen Kollektiven nicht herauszulösen.

Wie steht es aber um meinen persönlichen Beitrag zur Historiografie des 20. Jahrhunderts? Ich habe das Glück, viele Leser im gebildeten Publikum der Nicht-Historiker in vielen Ländern gefunden zu haben, ohne die Anerkennung der Fachkollegen in der Historikerzunft ganz einzubüßen. Ich glaube, ich bin wohl der international bekannteste britische Historiker geworden – jedenfalls in den letzten Jahrzehnten. Und das ist eigenartig, denn schließlich wird mein Marxismus, mit dem ich schon seit Langem nicht identifiziert werde, sowohl im Fach wie größtenteils im Publikum heutzutage weitgehend abgelehnt. Dass man mich weiter liest, freut mich aber, denn wenn Historiker etwas zu sagen haben, werden sie nicht nur für sich selbst oder für esoterische Kollegen Seminare halten und Bücher schreiben, besonders nicht, wenn sie glauben, dass die Geschichte nicht nur zum Verstehen der Welt da ist, sondern auch zum Verändern und Verbessern der Welt.

Wie verhält es sich mit meinem persönlichen Beitrag zur Historiografie der letzten fünfzig Jahre? Ich habe keine Riesenwälzer der gelehrten Quellenforschung geschrieben oder, mit Ausnahme meiner Zusammenarbeit mit George Rudé, Standardwerke, die in Bibliografien zitiert werden, bevor sie, wie alle historischen Publikationen, von der späteren Forschung überholt werden. Ich habe keine historische Schule gegründet oder gründen wollen. Die Leute haben mich gelesen, und ich weiß nicht, was sie aus mir herausgelesen haben, aber ich möchte mich am liebsten als eine Art Guerillahistoriker beschreiben, der nicht so sehr hinter dem Artilleriefeuer der Archive auf sein Ziel zumarschiert als es mit der Kalaschnikow der Ideen seitwärts aus den Büschen zu beschießen. Ich bin im Grunde ein neugieriger, aber problemorientierter Historiker, der versucht hat, durch neue Fragestellungen neue Perspektiven in alte Diskussionen zu bringen und vielleicht neue Gebiete zu eröffnen. Das ist mir auch manchmal gelungen, auch wenn sich die meisten der tatsächlichen Thesen, die ich zu vertreten versucht habe, nicht gehalten haben, aber das ist nicht das Wichtige. Das Wichtige ist, dass sich in den meisten Fällen groß angelegte Diskussionen darüber entwickelt haben und manche noch weitergehen. Die Tatsache, dass es zum Beispiel heutzutage eine große Bibliografie der Geschichte des sozialen Räubertums gibt, geht auf ein Kapitel zurück, das ich 1959 geschrieben habe. Es ist schade, dass die meisten dieser Leute, die darüber schreiben, mit mir nicht einverstanden sind, aber ohne mich gäbe es eben diese Sache nicht, und das ist etwas Positives.

Dass ich intuitiv und ohne viel Planung an die Geschichte herangehe, ist mir auch in dieser Hinsicht behilflich gewesen. Denn es hat mir manchmal ermöglicht, den Augenblick, in dem gewisse Probleme sozusagen auf die Tagesordnung der Wissenschaft und der Politik kommen, wie Ernst Wangermann mit Recht gesagt hat, instinktiv zu erkennen und manchmal in einer Phrase festzuhalten. Eben deshalb machten sich zum Beispiel die »Sozialrebellen« seinerzeit fast sofort einen internationalen Namen bei jüngeren Historikern, Soziologen und Anthropologen. Das ist wohl auch der Grund, warum meine kleine Phrase, »Die Erfindung der Tradition« und das Buch, das aus ihr hervorging, noch heute viel von sich reden macht und hervorgehoben wird, dass ich irgendwie zu einer früheren Generation gehöre, die in vieler Hinsicht nicht sehr mit der neuen Wende sympathisiert, dass ich aber trotzdem nicht ganz außerhalb dieser neuen Tendenzen stehe. Darum zum Beispiel zirkuliert mein kleines Buch über Nation und Nationalismus trotz seiner offensichtlichen Schwächen noch heute in vierundzwanzig Sprachen.

Wie lange ich unter den Fachhistorikern und beim Leserpublikum präsent bleiben werde, kann ich nicht beurteilen. Ich kann nur mit Genugtuung feststellen, dass fast alle meine Werke seit den fünfziger Jahren noch irgendwo in Druck sind – und das ist schön, ganz verjährt bin ich noch nicht. Da ich bestenfalls nur wenige Jahre vor mir habe, stört es mich nicht besonders, dass sie ja früher oder später verjährt sein werden. Die Obsoleszenz ist das unvermeidliche Geschick der Historiker; die Einzigen, welche sie überleben – was äußerst selten vorkommt –, sind die Historiker, die zugleich bedeutende Schriftsteller waren: ein Gibbon, ein Macaulay, ein Michelet; aber wer zu dieser winzigen Gruppe gehört, darüber haben wir heute keine Kontrolle. Das kann nur die Zukunft entscheiden.

Die Autoren

Gerhard Botz, Professor für Zeitgeschichte an der Universität Wien, Leiter des Ludwig-Boltzmann-Instituts für Historische Sozialwissenschaft.

Hubert Christian Ehalt, Wissenschaftsreferent der Stadt Wien und Koordinator der Wiener Vorlesungen; Professor für Sozialgeschichte an der Universität Wien.

Eric J. Hobsbawm, emeritierter Professor für Wirtschafts- und Sozialgeschichte an der University of London. Ehrenbürger der Stadt Wien seit 21. Januar 2008.

Jürgen Kocka, Professor für die Geschichte der industriellen Welt an der FU Berlin, 2001–2007 Präsident des Wissenschaftszentrums Berlin für Sozialforschung.

Ernst Wangermann, emeritierter Professor für Österreichische Geschichte an der Universität Salzburg.